令和3年7月〜9月　第124集

裁決事例集

一般財団法人 大蔵財務協会

は　じ　め　に

　現在、国税不服審判所における審査請求事件の裁決については、法令の解釈、運用上先例となり、他の参考となる重要な判断を含んだもの、また、事実認定に関し他の参考となる判断を含んだもの等が公表されています。

　本書は、国税不服審判所より公表された裁決を、多くの税理士、公認会計士、弁護士、行政法学者等の方々の便に資するため四半期ごとに取りまとめて「裁決事例集」として発行しているものです。

　今版は、「裁決事例集（第124集）」として、令和3年7月から令和3年9月分までの間に公表された裁決を収録しておりますが、今後公表される裁決についても逐次刊行していく予定です。

　本書が、日頃の税務上の取扱いの判断の参考となり税務事務の一助となれば幸いです。

　なお、収録されている裁決が、その後の国税に関する処分の取消訴訟において、その処分の全部又は一部が取り消されている場合がありますので、本書のご利用に際してはご注意ください。

令和4年5月

目　　次

〈令和３年７月分〜９月分〉

所得税法

一　所得税法関係

〈令和3年7月～9月分〉

事例1 (資産負債増減法による推計の合理性　他からの流入　(事業外収入))

　　原処分庁が用いた資産負債増減法による事業所得の推計方法において、純資産の増
加額の算定に際し基礎とした資産の認定に一部誤りがあるとした事例（平成27年分か
ら平成29年分までの所得税及び復興特別所得税の各更正処分及び過少申告加算税の各
賦課決定処分・平成28年分の所得税及び復興特別所得税は一部取消し、その他は棄
却・令和3年8月4日裁決）

《ポイント》
　　本事例は、原処分庁が用いた資産負債増減法による推計において、請求人名義の預
金口座への入金額の一部は、子名義の預金口座から引き出された金銭を原資とするも
のであり、請求人の事業所得を原資とするものではないから、純資産の増加額とは認
められないとした事例である。

《要旨》
　　原処分庁は、原処分庁が請求人の事業所得を算定するに当たって採用した資産負債増
減法において、子名義の普通預金口座（本件普通預金口座）から引き出された金銭によ
って請求人名義の定期預金口座が開設されたとの事実を裏付ける証拠はないことから、
減算調整項目（事業外所得）として減算すべき金額はない旨主張する。

　　しかしながら、本件普通預金口座から合計2,000,000円が引き出された翌日に同額が請
求人名義の定期預金口座に入金されたこと、本件普通預金口座に係る通帳等を同居人が
管理していること、本件普通預金口座から引き出された2,000,000円が請求人名義の定期
預金口座への入金以外に充てられたことをうかがわせる事情がないことなどからすれば、
請求人名義の定期預金口座に入金された金銭は本件普通預金口座から引き出された金銭
を原資とするものであり、事業所得を原資とするものとはいえない。

《参照条文等》
　　所得税法第156条

《参考判決・裁決》

平成23年7月8日裁決（裁決事例集№84）

平成26年2月27日裁決（裁決事例集№94）

（令和3年8月4日裁決）

《裁決書（抄）》

1　事　実

(1)　事案の概要

　　本件は、原処分庁が、魚のあらの回収を業とする審査請求人（以下「請求人」という。）の所得税等について、事業所得の金額を推計の方法により算定して更正処分等をしたところ、請求人が、調査手続に違法又は不当があり、また、推計の必要性及び合理性がないなどとして、原処分の全部の取消しを求めた事案である。

(2)　関係法令

　イ　国税通則法（以下「通則法」という。）第74条の2《当該職員の所得税等に関する調査に係る質問検査権》第1項柱書及び第1号は、税務署の当該職員は、所得税に関する調査について必要があるときは、所得税法の規定による所得税の納税義務がある者や当該納税義務がある者に金銭若しくは物品の給付をする義務があったと認められる者等に質問し、その者の事業に関する帳簿書類その他の物件を検査し、又は当該物件（その写しを含む。）の提示若しくは提出を求めることができる旨規定している。

　ロ　通則法第74条の9《納税義務者に対する調査の事前通知等》（平成30年法律第16号による改正前のもの。以下同じ。）第1項は、税務署長は、国税庁等の当該職員に納税義務者に対し実地の調査において通則法第74条の2の規定による質問、検査又は提示若しくは提出の要求（以下「質問検査等」という。）を行わせる場合には、あらかじめ、当該納税義務者に対し、その旨及び次に掲げる事項を通知するものとする旨規定している。

　　(イ)　質問検査等を行う実地の調査を開始する日時（第1号）

　　(ロ)　実地の調査を行う場所（第2号）

　　(ハ)　実地の調査の目的（第3号）

　　(ニ)　実地の調査の対象となる税目（第4号）

　　(ホ)　実地の調査の対象となる期間（第5号）

　　(ヘ)　実地の調査の対象となる帳簿書類その他の物件（第6号）

　　(ト)　その他実地の調査の適正かつ円滑な実施に必要なものとして政令で定める事項（第7号）

ハ　所得税法第156条《推計による更正又は決定》は、税務署長は、居住者に係る
　　所得税につき更正又は決定をする場合には、その者の財産若しくは債務の増減の
　　状況、収入若しくは支出の状況又は生産量、販売量その他の取扱量、従業員数そ
　　の他事業の規模によりその者の各年分の各種所得の金額又は損失の金額を推計し
　　て、これをすることができる旨規定している。

(3)　基礎事実

　　当審判所の調査及び審理の結果によれば、次の事実が認められる。

イ　請求人は、遅くとも平成27年以降、「H」の屋号で魚のあらの回収を業とする
　　（以下「本件事業」という。）個人事業者である。

ロ　請求人は、肩書地において、J（以下「本件同居人」という。）と同居し、生
　　計を一にしている。

　　なお、請求人及び本件同居人との間には二人の子がいるところ、遅くとも平成
　　17年頃には、請求人及び本件同居人とは独立して生活している。

ハ　本件同居人は、K信用金庫○○支店において開設された請求人と本件同居人と
　　の間の子であるL（以下「本件子」という。）名義の口座番号○○○○の普通預
　　金口座（以下「本件普通預金口座」という。）から、平成28年7月30日に
　　1,000,000円、同月31日に1,000,000円を引き出した（以下、これらの引き出された
　　金額を併せて「平成28年出金分」という。）。

ニ　本件同居人は、平成28年8月1日、K信用金庫○○支店において請求人名義の
　　口座番号○○○○の定期預金口座（以下「本件定期預金口座」という。）の開設
　　手続をし、同口座に2,000,000円を入金（以下「本件定期預金」という。）した。

(4)　審査請求に至る経緯

イ　請求人は、平成27年分、平成28年分及び平成29年分（以下、これらを併せて
　　「本件各年分」という。）の所得税及び復興特別所得税（以下「所得税等」とい
　　う。）について、それぞれ別表1の「確定申告」欄のとおり確定申告書に記載し
　　て、いずれも法定申告期限までに申告した。

ロ　原処分庁所属の調査担当職員（以下「原処分調査担当職員」という。）は、平
　　成30年10月3日、請求人に対する本件各年分の所得税等に関する調査（以下「本
　　件調査」という。）を開始した。

ハ　原処分庁は、本件調査の結果に基づき、令和元年7月19日付で、請求人の本件

各年分の事業所得の金額について、請求人の各年分の期首及び期末における資産
　　及び負債の金額から所得金額を計算する推計の方法（以下「資産負債増減法」と
　　いう。）を用いた推計の方法により算定し、別表1の「更正処分等」欄のとおり、
　　本件各年分の所得税等の各更正処分及び過少申告加算税の各賦課決定処分をした。

　ニ　請求人は、原処分を不服として、令和元年10月18日に再調査の請求をしたとこ
　　ろ、再調査審理庁は、令和2年1月21日付で、いずれも棄却の再調査決定をした。

　ホ　請求人は、令和2年2月20日、再調査決定を経た後の原処分に不服があるとし
　　て、原処分庁を経由して審査請求をした。

2　争　点

(1)　本件調査の手続に、原処分の取消事由となるべき違法又は不当があるか否か（争
　　点1）。

(2)　推計の必要性があるか否か（争点2）。

(3)　推計の方法に合理性があるか否か（争点3）。

3　争点についての主張

(1)　争点1（本件調査の手続に、原処分の取消事由となるべき違法又は不当があるか
　　否か。）について

原処分庁	請求人
本件調査の手続には、以下のとおり、原処分の取消事由となるべき違法又は不当はない。	本件調査の手続には、以下のとおり、原処分の取消事由となるべき違法又は不当がある。
イ　通則法第74条の9第1項の制定経緯、事前通知の趣旨、国税庁等の当該職員の地位に照らせば、税務署長等は、所属の当該職員に事前通知に係る事務を行わせることができると解されるところ、原処分調査担当職員は、本件調査について事前通知を行っている。	イ　原処分庁は、本件調査に際して、通則法第74条の9第1項が規定する税務署長による事前通知を行わなかった。
ロ　納税者に対する調査の理由及び必要	ロ　請求人は、本件調査の調査理由を開

性の個別的、具体的な告知は、質問検査を行う上で、法律上一律の要件とされているものではなく、調査に当たり、納税者に対して具体的な調査理由の開示をしなければならない旨を定めた法律上の規定もない。そうすると、原処分庁が請求人に対して具体的な調査理由の開示をすることなく調査を行うことは違法ではない。

ハ　所得税等に関する調査において、権限ある税務職員が質問検査権を行使するに当たり、質問検査の範囲、程度、時期、場所等実定法上特段の定めのない実施の細目については、質問検査の必要があり、かつ、これと相手方の私的利益との衡量において社会通念上相当な限度にとどまる限り、権限ある税務職員の合理的な選択に委ねられている。

　　そうすると、原処分調査担当職員が、税理士資格を有しない第三者（以下、単に「第三者」という。）が本件調査に同席することは、守秘義務に反するおそれがあると判断して、帳簿書類の確認等の質問検査を実施しなかったことは、質問検査の実施に関する合理的な選択であるといえる。

ニ　また、上記ハと同様に、調査に際して、調査担当職員が誰に話を聞くかと

示するよう求めたものの、原処分庁はこれを開示しなかった。

ハ　請求人は、原処分調査担当職員から依頼される都度、調査日程の調整に応じるとともに、原処分調査担当職員が請求人の自宅（以下「本件自宅」という。）に臨場した際には、手を伸ばせば届くところに事業所得の計算に必要な書類等を準備して本件調査の実施を促すなど調査に協力していた。それにもかかわらず、原処分調査担当職員は、守秘義務を理由にしつつも、その具体的な義務違反について説明することなく、請求人が希望した第三者の立会いを認めず、本件自宅における調査を実施しなかった。

ニ　原処分調査担当職員は、ここ数年請求人が全く取引をしていなかった者に

いった事項は、質問検査の範囲の問題であり、当該職員の合理的な選択に委ねられているところ、原処分調査担当職員が、帳簿書類等の確認ができない状況下において、請求人の事業所得の金額を推計するに当たり、請求人の取引先又は取引が想定される者に対して調査を行うことは合理的な選択であって、当該調査は通則法上認められていることから、その実施が直ちに税務職員に課せられた守秘義務に反するものではない。	対して調査を行い、結果として、請求人が税務調査を受けているという事実を当該者に漏えいしたのであるから、当該調査は、原処分調査担当職員の守秘義務に反するものである。

(2) 争点2（推計の必要性があるか否か。）について

原処分庁	請求人
以下のことから、請求人の本件各年分の事業所得の金額の計算上、推計の必要性が認められる。	以下のことから、請求人の本件各年分の事業所得の金額の計算上、推計の必要性は認められない。
イ 原処分調査担当職員が、請求人に対し、第三者の立会いのない状態で、本件事業に係る帳簿書類を提示するよう再三にわたり求めたにもかかわらず、請求人がこれに応じなかったため、原処分調査担当職員は、本件各年分の請求人の事業所得の金額を実額により把握することができなかった。	イ 上記(1)の「請求人」欄のハのとおり、原処分調査担当職員が、第三者の立会いのない状態に固執せずに、請求人に資料の提出を求め、説明を聞くなどして十分な調査を尽くせば、請求人の事業所得の金額について、実額による算定は可能であった。
ロ 納税者が、実額反証によって推計課税の適法性を覆すためには、その主張する所得額が真実に合致することを主	ロ 請求人は、大半の売上先からは、売上金を毎月定額で直接受領し、その他の売上先からは振込入金により受領し

張立証する責任を負うものというべきである。そして、その主張する所得額が真実に合致すると認められるためには、その主張する収入及び経費の各金額が存在することなどについて、合理的な疑いを容れない程度に証明される必要がある。しかしながら、請求人が再調査の請求の際に提出した書類には、収入の存在を証する書類がなく、必要経費についても支払の事実を証する書類が不足していることから、請求人が主張する収入及び経費の各金額が存在することについて、合理的な疑いを容れない程度に証明はされていない。

ているので、本件事業に係る収入金額を把握することは容易である。加えて、請求人が再調査の請求の際に提出した計算資料及び必要経費の根拠資料並びにその他の保存している根拠資料によれば、請求人の事業所得の金額を実額で把握することは可能である。

(3) 争点3（推計の方法に合理性があるか否か。）について

原処分庁	請求人
原処分庁は、請求人の本件各年分の事業所得を算定するに当たり、資産負債増減法を採用しているところ、当該方法は、当該年の純資産が増加した部分と所得の処分に相当する事由に係る費用等は当該年の事業所得をもって充てられるという経験則を基礎とするものである。具体的には、請求人及び請求人と生計を一にする本件同居人に係る資産及び負債の各年分の期首と期末の価額を比較して求めた純資産の増加額に、生活費、租税公	原処分庁は、請求人の本件各年分の事業所得の金額を算定するに当たり、資産負債増減法を採用している。当該方法は、純資産の増減という「結果」からその原因である事業所得の存在を逆算するところに特徴があることから、純資産の増減額は恣意的でない客観的な計上が当然求められるところ、原処分庁は、以下のとおり、恣意的かつ主観的な計上をしており、推計の方法に合理性がない。

課等の金額を本件各年分の加算調整項目として加算した上、預貯金利息、国民年金等の事業所得以外の収入を本件各年分の減算調整項目として減算することによって、本件各年分における請求人の事業所得の金額を算出している。当該算出方法は、資産負債増減法として相当なものであるから、推計の方法に合理性がある。

なお、請求人は、原処分庁による請求人の事業所得の金額の算定について、推計の方法に合理性がない旨主張するが、以下のとおり、いずれも理由がない。

イ 次のとおり、請求人の加算調整項目に係る主張には理由がない。

(イ) 請求人は、生活費の額の算定において、請求人の生活実態を踏まえるべきである旨主張するが、総務省統計局の家計調査による年報「第4表 世帯人員・世帯主の年齢階級別1世帯当たり1か月間の収入と支出（総世帯）」（以下「家計調査年報」という。）における家計調査の結果は、調査対象とされた世帯の標準的な家計支出等に関する統計として信頼性が高く、その数値の合理性及び客観性は、相当程度担保されているから、本件各年分の請求人に係る生活費の額を家計調査年報の消費支出

イ 次のとおり、原処分庁が算定した加算調整項目の金額には誤りがある。

(イ) 原処分庁は、生活費の額の算定において、請求人の生活費の月額として、家計調査年報の数字をそのまま引用しているが、生活費の月額は、請求人の生活実態を考慮して計算すべきである。そして、請求人の生活実態を踏まえると、生活費の月額は、家計調査年報における消費支出の各項目のうち、「住居」、「光熱・水道」、「保健医療」、「交通・通信」、「教育」、「教養娯楽」及び「その他消費支出」の各項目の金額を除いて計算した上、「光熱・水道」の項目については、水道光熱費の実額か

の額を基に算定したことには合理性
がある。
　なお、請求人の生活費が家計調査
年報における消費支出とかけ離れて
いるとする事実はない。
(ロ)　本件自宅に係る固定資産税（以下
「本件固定資産税」という。）は、そ
の主たる部分が本件事業の遂行上必
要であるとは認められず、本件事業
の遂行上必要な部分を明らかに区分
できるとも認められないことから、
所得税法第45条《家事関連費等の必
要経費不算入等》第1項第1号の規
定等により、本件固定資産税は本件
事業に係る必要経費とはならない。
ロ　また、請求人は、事業所得の金額の
算定に当たり、減算調整項目として減
算すべき金額がある旨の主張をする
が、次のとおり、請求人の主張には理
由がない。
(イ)　平成27年中に本件普通預金口座か
ら引き出された2,000,000円につい
て、請求人及び本件同居人が生活費
等として費消したとする事実はな
い。
(ロ)　本件同居人が、平成28年出金分に
より本件定期預金口座を開設したと
の事実を裏付ける証拠はない。

ら、事業上の必要経費となる金額を
差し引いた金額とすることが相当で
ある。
(ロ)　原処分庁が加算調整項目とした租
税公課等のうち、本件固定資産税
は、本件自宅を本件事業に使用して
いる部分があるため、その使用割合
に基づいて算出した金額を当該租税
公課等の金額から減算すべきであ
る。
ロ　次のとおり、原処分庁は、請求人の
事業所得の金額の算定に当たり、減算
調整項目として減算すべき金額がある
にもかかわらず、これを考慮していな
い。
(イ)　本件普通預金口座から、平成27年
中に引き出された2,000,000円は、請
求人及び本件同居人が、生活費等に
費消しているものであるから、当該
金額は平成27年分の請求人の事業所
得から減算すべきである。
(ロ)　原処分庁は、本件定期預金を平成
28年分の資産の増加として反映して
いるが、本件定期預金は、本件普通

また、請求人が、本件子に対して2,000,000円を貸し付けたこと及び本件子がその返済をしたことについても、いずれもこれを裏付ける証拠はない。	預金口座の預金を原資とするものであって、その他に原資となる預金はない。 なお、本件定期預金の額が増えたのは、請求人が本件子に対し、車の購入資金として貸し付けた2,000,000円の返済に基因するものである。 そうすると、本件定期預金口座に入金された2,000,000円は、請求人の事業外収入であり、減算調整項目として平成28年分の請求人の事業所得から減算すべきである。
(ハ) 請求人が本件同居人に対して月額80,000円の給与を支払った事実はない。	(ハ) 原処分庁は、本件同居人について配偶者控除及び専従者控除を認めていないのであるから、本件同居人に対して給与として毎月支払った80,000円は、事業所得に係る必要経費に該当することになる。そうすると、本件同居人が受け取った給与相当額については、減算調整項目として、本件各年分の請求人の事業所得から減算すべきである。

4 当審判所の判断

(1) 争点1（本件調査の手続に、原処分の取消事由となるべき違法又は不当があるか否か。）について

イ 法令解釈

(イ) 通則法第74条の2第1項に規定する質問検査権は、質問検査等を行う調査の権限を有する税務職員において、当該調査の目的、調査すべき事項、申請、申告の体裁内容、帳簿書類の記入・保存状況、相手方の事業の形態等諸般の具体

的事情に鑑み、客観的な必要性があると判断される場合に、職権調査の一方法として行使できるものであり、この場合の質問検査等の範囲、程度等実定法上特段の定めのない実施の細目については、質問検査等の必要性があり、かつ、これと相手方の私的利益との衡量において社会通念上相当な限度にとどまる限り、権限ある税務職員の合理的な選択に委ねられていると解される。

(ロ)　財務省組織規則第556条《国税調査官》第2項は、国税調査官は、命を受けて「内国税の課税標準の調査及び内国税に関する検査に関する事務」を処理する旨規定しているところ、当該事務には、通則法第74条の9第1項に規定する税務署長等の行う事前通知も含まれるのであるから、命を受けた国税調査官が、通則法第74条の9第1項に規定する「当該職員」として当該事務を実施すると解するのが相当である。そうすると、命を受けた国税調査官である「当該職員」が納税者に対し実地の調査を行う旨を事前通知する際には、上記規定に基づいて、税務署長等の名において通知したものと解すべきである。

ロ　認定事実

請求人提出資料、原処分関係資料並びに当審判所の調査及び審理の結果によれば、次の事実が認められる。

(イ)　原処分調査担当職員は、平成30年9月12日、本件自宅に電話をしたものの、請求人が不在であったことから、応答した本件同居人に対し、再度連絡する旨を伝えたところ、同日、請求人が、M税務署を訪れた。

原処分調査担当職員は、来署した請求人に対して、本件自宅において平成30年9月19日午前10時から実地の調査を開始すること、その調査対象税目は本件各年分の所得税等であり、調査の目的は確定申告書の記載内容の確認であって、帳簿書類並びにその基になった請求書及び領収書等を対象とすること等を通知した。

(ロ)　原処分調査担当職員は、平成30年9月18日、請求人から、仕事の都合により上記(イ)で通知した実地の調査を開始する日を変更してほしいと求められたことから、同年10月3日に変更した。

(ハ)　原処分調査担当職員は、平成30年10月3日、実地の調査を行うため本件自宅に臨場した。その際、請求人以外の6名の男女の立会いがあった。

そのため、原処分調査担当職員は、請求人に対し、税務職員には守秘義務が

課せられているため、第三者の立会いがある状態では調査を行うことはできない旨説明し、第三者を退席させて、本件調査に協力するよう求めたが、請求人はこれに応じなかった。

　そこで、原処分調査担当職員は、請求人に対して、第三者の立会いがあるところでは調査を行うことができない旨及びこのまま請求人が調査に応じない場合には、取引先や金融機関等への調査を行うことになる旨を説明し、後日改めて連絡する旨を伝えて本件自宅を退去した。

㈁　原処分調査担当職員は、平成30年10月４日、請求人に電話をし、第三者の立会いがない状態で帳簿書類等を提示するよう本件調査への協力を求め、改めて実地の調査の日程調整を依頼したところ、請求人は、第三者の立会いがない状態で調査に応じる旨を申し述べた。

㈛　原処分調査担当職員は、あらかじめ日程を調整した平成30年10月17日に、実地の調査を行うため本件自宅に臨場した。その際、請求人以外の３名の男女の立会いがあった。

　そのため、原処分調査担当職員は、請求人に対し、税務職員には守秘義務が課せられているため、第三者の立会いがある状態では調査を行うことはできない旨説明し、第三者を退席させて、本件調査に協力するよう求めたが、請求人はこれに応じなかった。

　そこで、原処分調査担当職員は、請求人に対して、第三者の立会いがあるところでは調査を行うことができない旨及びこのまま請求人が調査に応じない場合には、取引先や金融機関等への調査を行うことになる旨等を説明し、後日改めて連絡をする旨を伝えて本件自宅を退去した。

㈜　原処分調査担当職員は、平成30年10月18日、請求人に電話をし、第三者の立会いがない状態で帳簿書類等を提示するよう求めるとともに、第三者の立会いがない状態で調査に応じることができるか検討するよう伝えた。

㈠　原処分調査担当職員は、平成30年10月23日、請求人に電話をし、請求人に対して、第三者の立会いがない状態で調査に応じることができるか否かを確認したところ、請求人はこれに応じない旨を申し述べた。

㈦　原処分調査担当職員は、上記㈠の対応を受けて、請求人の取引先及び取引が想定される者に対して調査を行った（以下「本件取引先等調査」という。）上、

請求人の本件各年分の所得金額等を算出し、請求人に対して、通則法第74条の11《調査の終了の際の手続》第2項及び第3項に基づき、調査結果の内容の説明及び修正申告の勧奨を行ったところ、請求人は修正申告書を提出しない旨を申し述べたことから、原処分庁は、前記1の(4)のハのとおり、令和元年7月19日付で原処分を行った。

ハ 検討及び請求人の主張について

(イ) 事前通知について

　　請求人は、前記3の(1)の「請求人」欄のイのとおり、原処分庁が、本件調査に際し、通則法第74条の9第1項が規定する税務署長による事前通知を行わなかったことには原処分の取消事由となるべき違法又は不当がある旨主張する。

　　しかしながら、上記イの(ロ)のとおり、命を受けた国税調査官による（実地の調査を行う旨の）事前通知は、通則法第74条の9第1項の規定に基づいて、税務署長等の名において通知されたものと解すべきである。そして、上記ロの(イ)のとおり、原処分調査担当職員は、請求人に対して、命を受けた国税調査官として実地の調査を行う旨及び同項各号に規定する事項を通知しているのであるから、当該通知は、同項に規定する事前通知として適法に行われたものであり、その他、原処分調査担当職員がした実地の調査に係る通知について、違法又は不当となるべき事情は認められない。

　　したがって、請求人の主張には理由がない。

(ロ) 調査理由の開示について

　　請求人は、前記3の(1)の「請求人」欄のロのとおり、原処分庁が、請求人の求めに応じず、本件調査の調査理由を開示しなかったことには、原処分の取消事由となるべき違法又は不当がある旨主張する。

　　しかしながら、調査に際して、税務職員が納税者に対して具体的な調査理由を開示することは法律上の要件とされていないところ、原処分調査担当職員は、上記ロの(イ)のとおり、本件調査に当たり、確定申告書の記載内容の確認のための調査である旨を請求人に通知していることも併せ検討すれば、原処分調査担当職員は、一定の調査理由を開示しているものといえ、それ以上の具体的な調査理由を開示しなかったとしても、本件調査が違法又は不当となるものではない。

したがって、請求人の主張には理由がない。

(ハ)　第三者の立会いについて

　　請求人は、前記３の(1)の「請求人」欄のハのとおり、事業所得の計算に必要な書類等を準備して調査に協力していたにもかかわらず、原処分調査担当職員が具体性のない守秘義務を理由にして第三者の立会いを認めず、本件自宅において本件調査を実施しなかったことには、原処分の取消事由となるべき違法又は不当がある旨主張する。

　　しかしながら、質問検査権に基づく税務調査に際し、第三者の立会いを認めなければならない旨を定めた法令上の規定はなく、税務職員は、国家公務員法第100条《秘密を守る義務》第１項及び通則法第127条の規定により守秘義務を負うところ、第三者を立ち会わせるか否かについても、権限ある税務職員の合理的な判断に委ねられていると解するのが相当である。そして、原処分調査担当職員は、本件調査に際し、上記ロの(ハ)ないし(ト)のとおり、請求人及び取引先等の営業に関する事項の秘密を守るためなどの配慮から法律上守秘義務を負わない第三者の立会いを認めなかったものであるから、原処分調査担当職員のこの判断は合理的なものと認められる。

　　そうすると、原処分調査担当職員が、本件自宅において本件調査を行うに当たり、守秘義務が課されていることを説明の上、第三者の立会いを認めなかったことは、違法又は不当となるものではない。

　　したがって、請求人の主張には理由がない。

(ニ)　取引先等に対する調査について

　　請求人は、前記３の(1)の「請求人」欄のニのとおり、原処分調査担当職員は、ここ数年請求人が取引をしていなかった者に対して調査を行い、その者に請求人が税務調査を受けているという事実を漏えいしたのであるから、当該原処分調査担当職員の行為は、守秘義務に反するものであって、原処分の取消事由となるべき違法又は不当がある旨主張する。

　　しかしながら、上記ロの(ハ)ないし(ト)のとおり、原処分調査担当職員は、請求人に対し、再三にわたり第三者が同席しない状態で帳簿書類等を提示するよう求めたにもかかわらず請求人はこれに応じなかったことから、上記ロの(チ)のとおり、やむを得ず本件取引先等調査を行ったものである。

　　　　そうすると、本件取引先等調査は、帳簿書類等を確認できない状況下におい

　　　て、請求人の所得金額等を確認するために客観的な必要性があり、その方法等

　　　も取引先等の私的利益との衡量において社会通念上相当な限度にとどまるもの

　　　といえるから、本件取引先等調査は、権限ある税務職員の合理的な選択に委ね

　　　られたものであって、違法又は不当となるものではない。

　　　　したがって、請求人の主張には理由がない。

　　ニ　小括

　　　　以上のとおり、請求人の主張にはいずれも理由がなく、上記に述べるほか、当

　　　審判所の調査及び審理の結果においても、本件調査の手続において違法又は不当

　　　とすべき事実があったとは認められず、本件調査の手続に、原処分の取消事由と

　　　なるべき違法又は不当はない。

(2)　争点2（推計の必要性があるか否か。）について

　　イ　法令解釈

　　　　所得税法第156条は、所得税につき更正をする場合において、所得金額を推計

　　　して課税することができる旨規定しているが、飽くまで課税処分における課税標

　　　準の認定は直接資料に基づく実額計算の方法によるのが原則であり、推計による

　　　課税が認められるのは、やむを得ず推計によらざるを得ない場合、すなわち、①

　　　納税義務者が収入及び支出を明らかにし得る帳簿書類を備え付けていないこと、

　　　②帳簿書類の備付けがあってもその記載内容が不正確であること、又は③納税義

　　　務者が資料の提供を拒否するなど税務調査に非協力であることなどにより、実額

　　　計算の方法による課税を行うことが不可能又は著しく困難な場合に限られると解

　　　される。

　　ロ　認定事実

　　　　請求人提出資料、原処分関係資料並びに当審判所の調査及び審理の結果によれ

　　　ば、請求人は、令和元年12月11日、再調査審理庁に対して、通則法第84条《決定

　　　の手続等》第6項の規定に基づき、次の(イ)ないし(ニ)の各書面等を提出した事実が

　　　認められる。

　　　(イ)　本件各年分に係る「所得税の自主計算用紙」と題する書面（以下「本件各自

　　　　主計算用紙」という。）

　　　　　本件各年分に係る売上金額及び経費の項目別の金額がそれぞれ記載された上、

これらの金額に基づき算定された所得金額が記載されている。

(ロ) 本件各年分の取引先別の売上げについて、各月の金額等を記載して年間の金額を集計した書面（以下「本件各売上集計書面」という。）

(ハ) 本件各年分の経費の各項目に係る内訳について、各月の金額を記載して年間の金額を集計した書面（以下「本件各経費集計書面」という。）

(ニ) 本件各年分の自動車関連業者及び石油販売業者等に対する支払や納税等に係る領収書等

ハ 検討及び請求人の主張について

(イ) 請求人は、前記3の(2)の「請求人」欄のイのとおり、原処分調査担当職員が第三者の立会いのない状態に固執せず、請求人に資料の提出を求めるなどして調査を尽くせば、請求人の事業所得を実額で算定することができたのであるから、原処分において推計の必要性はなかった旨主張する。

しかしながら、原処分調査担当職員は、上記(1)のロの(ハ)ないし(ト)のとおり、第三者の立会いを希望する請求人に対し、複数回にわたり、税務職員には守秘義務が課せられていること、そのため調査において第三者の立会いを認めることはできないことなどを説明しているところ、請求人は、当該説明を受けてもなお、調査において第三者の立会いを希望し、その退席に応じなかったことが認められる。

そして、原処分調査担当職員が守秘義務を理由として本件事業に係る帳簿書類等の確認ができないとした判断は、上記(1)のハの(ハ)のとおり、合理的なものである。

そうすると、原処分調査担当職員は、本件事業に係る帳簿書類等の確認をすることができず、原処分庁は、帳簿書類等の直接資料に基づき、請求人の本件各年分の事業所得の金額を実額計算の方法により算定し課税することが不可能又は著しく困難であったことから、やむを得ず推計の方法により算定したものと認められる。

よって、本件において推計による課税の必要性はあったというべきである。

(ロ) 請求人は、前記3の(2)の「請求人」欄のロのとおり、請求人の売上金の受領状況や上記ロの(イ)ないし(ニ)の各書面等及びその他の書類によれば、請求人の事業所得の金額を実額で把握することができる旨主張する。

ところで、原処分の段階で推計の必要性があると認められ、その後の審査請
　　求の段階で、請求人が所得金額について実額計算の方法によることを主張して、
　　原処分庁の行った推計の方法による課税の合理性を否定するためには、その主
　　張する収入金額が全ての取引先からの全ての取引についての捕捉漏れのない収
　　入金額であり、かつ、その収入と対応する必要経費が実際に支出され、当該事
　　業との関連性を有することを合理的な疑いを容れない程度にまで立証しなけれ
　　ばならないものと解される。

　　　しかしながら本件の場合、本件各自主計算用紙に記載された本件各年分の売
　　上金額、経費の各項目の金額は、本件各売上集計書面及び本件各経費集計書面
　　において集計された年間の金額と一致するものの、本件各売上集計書面の記載
　　を裏付ける具体的な資料の提出はなく、本件各自主計算用紙及び本件各売上集
　　計書面に記載された収入に係る具体的な説明もないことなどからすれば、その
　　主張する収入金額が全ての取引先からの全ての取引についての捕捉漏れのない
　　収入金額であることを合理的な疑いを容れない程度にまで立証されているとは
　　いい難い。加えて、必要経費についても、上記ロの㈡の領収書等は、本件各経
　　費集計書面に記載された経費の全てを網羅するものではなく、その他の必要経
　　費に係る資料の提出はない上、本件各自主計算用紙及び本件各経費集計書面に
　　記載された経費に係る具体的な説明もないことなどからすれば、その収入と対
　　応する必要経費が実際に支出され、本件事業との関連性を有することを合理的
　　な疑いを容れない程度にまで立証されているとはいい難い。

　㈥　以上のことからすると、当審判所においても、請求人の本件各年分の事業所
　　得の金額を実額計算の方法により算定することができないことから、推計の方
　　法により本件各年分の事業所得の金額を算定する必要性が認められる。

　　　よって、請求人の主張はいずれも採用できない。

(3)　争点3（推計の方法に合理性があるか否か。）について

　イ　推計の合理性の判断基準

　　　資産負債増減法は、所得の処分ないし留保の状態から所得の金額を把握しよう
　　とするものであって、その年における純資産の増加額はその年の所得により賄わ
　　れるものであるとの合理的な経験則に基づき、当該純資産の増加額に、その年中
　　に処分（消費）した所得の額を加算し、事業所得以外の収入や非課税所得に該当

する額を減算するなどの調整を施して事業所得の金額を算定するものであり、推計の基礎となるべき各項目の金額を正確に把握し得る限り、所得の推計方法として十分な合理性を有すると解される。

ロ　認定事実

　　　請求人提出資料、原処分関係資料及び当審判所の調査及び審理の結果によれば、次の事実が認められる。

㈠　原処分庁が採用した推計方法

　　　原処分庁は、本件各年分の事業所得の金額の推計方法として資産負債増減法を採用し、請求人及び請求人と生計を一にする本件同居人に係る①資産及び負債の各年分の期首（年初）と期末（年末）の価額を比較するなどして求めた純資産の増加額に、②生活費、租税公課等の処分（消費）した所得の額を本件各年分の加算調整項目として加算し、③預貯金利息及び年金収入等の事業所得以外の収入の額を本件各年分の減算調整項目として減算して、請求人の本件各年分の事業所得の金額を別表2−1の⑭欄の各金額のとおり算定したことが認められるところ、原処分庁が認定した上記各項目及び金額（原処分庁主張額）は、次のとおりである。

A　純資産の増加額

　　　原処分庁は、平成26年12月31日、平成27年12月31日、平成28年12月31日及び平成29年12月31日（以下、順次「平成26年末」、「平成27年末」、「平成28年末」及び「平成29年末」といい、これらを併せて「本件各年末」という。）における純資産の額を算定し、本件各年末の純資産の額から本件各年末に対応する年初の純資産の額（前年末の純資産の額）を差し引いて純資産の増加額を算定しているところ、その算定の基となった資産の種類及び本件各年末の価額は、次のとおりである。

　　　なお、原処分庁は、純資産の算定において、請求人及び本件同居人に負債の額はないとした。

(A)　預貯金（別表2−1の①欄）

　　　請求人名義及び本件同居人名義の各預貯金口座の本件各年末における預貯金の残高（内訳は別表3−1）

(B)　売掛金（別表2−1の②欄）

本件事業の売上げに係る本件各年末における売掛金の額（内訳は別表4－1）

　B　加算調整項目（別表2－1の⑦欄ないし⑨欄）

　　(A)　生活費の額（別表2－1の⑦欄）

　　　　家計調査年報の二人世帯に係る年平均1か月当たりの「消費支出」の額に月数（12月）を乗じて算定した本件各年分の生活費の額（内訳は別表5）

　　(B)　租税公課等の額（別表2－1の⑧欄）

　　　　本件各年分において、請求人又は本件同居人が納付した所得税等（以下「申告所得税等」という。）の額、市県民税の額、国民健康保険税の額、介護保険料及び固定資産税の額並びに請求人及び本件同居人が支払ったN社及びP社に係る生命保険料の額（内訳は別表6）

　C　減算調整項目（別表2－1の⑩欄ないし⑬欄）

　　(A)　預貯金利息の額（別表2－1の⑩欄）

　　　　本件各年分における上記Aの(A)の各預貯金に係る預貯金利息の額（内訳は別表7－1）

　　(B)　年金収入等の額（別表2－1の⑪欄）

　　　　本件各年分において、請求人又は本件同居人が受領した国民年金の額並びにQ社及びN社に係る個人年金の額並びに一般財団法人R及びS社（現、T社。以下同じ。）に係る保険金の額（内訳は別表8）

(ロ)　U社に係る平成26年末の売掛金の額について、請求人に、同年末において、同社に対する売掛金があることを裏付ける資料はなかった。

(ハ)　V社に対する売上げについて、平成29年11月15日から同年12月31日までの期間に16,200円の売掛金が認められ、平成29年末において当該売掛金が未回収であった。

ハ　判断

(イ)　争点について

　　原処分庁が採用した資産負債増減法の基礎となる各項目及びその金額について検討すると次のとおりである。

　A　基礎となる各項目の人的範囲

上記ロの(イ)のとおり、原処分庁は、請求人及び本件同居人に係る資産、負債及び処分（消費）した所得から、資産負債増減法におけるその基礎となる各項目の金額を算定しているところ、納税者に生計を一にする者がある場合には、生活費等の支出すなわち所得の処分（消費）が一体としてなされることが通常であり、両者の資産及び負債は混在し、相互に関連して増減することとなるから、その生計内の特定の者に係る資産、負債及び処分（消費）した所得を他の者のものと明瞭に区分して、推計の基礎となるべき各項目の金額を正確に把握することは困難であるし、上記資産等の実態を考慮することなく、名義などの形式のみに着目して、その特定の資産、負債及び処分（消費）した所得を抽出し、これを推計の基礎とするのは適切でない。

　したがって、このような場合においては、両者の資産、負債及び処分（消費）した所得を区分せずに推計の基礎とした上で、各種調整を加え、その際に当該納税者と生計を一にする者に係る固有の収入等を控除するなどの調整を施すことによって、当該納税者の事業所得の金額を算出する方法を採るのが合理的である。

　これを本件についてみると、前記１の(3)のロのとおり、本件同居人は、本件各年分において請求人と生計を一にしていたのであるから、原処分庁が、基礎となる項目の人的範囲として、請求人及び本件同居人に係る資産、負債及び処分（消費）した所得から、資産負債増減法におけるその基礎となる各項目の金額を算定したことは相当と認められる。

B　純資産の増加額

(A)　預貯金

　　原処分庁は、上記ロの(イ)のＡの(A)のとおり、請求人及び本件同居人の本件各年末の預貯金の残高を認定している。

　　なお、別表３−１のうち、原処分庁が請求人名義のＸ信用金庫（旧名称はＹ信用金庫。以下同じ。）○○支店の定期預金口座として認定した口座番号○○○○及び口座番号○○○○の各口座は、実際にはＸ信用金庫○○支店の口座であるから、当該各口座の預金の残高については、Ｘ信用金庫○○支店の定期預金口座の預金の残高としてそれぞれ認定するのが相当である。

請求人及び本件同居人の各名義のその他の預貯金口座に係る本件各年末の預貯金の残高については、別表3-1の各金額のとおりとするのが相当である。

　　　よって、請求人及び本件同居人の本件各年末の預貯金の残高は、別表3-2の各金額のとおりとなる。

　(B)　売掛金

　　　原処分庁は、上記ロの(イ)のAの(B)のとおり、本件各年末の売掛金の額を認定していることから、売掛金の額について、以下のとおり検討する。

　　a　U社の売掛金の額について

　　　原処分庁は、U社に係る平成26年末の売掛金の額を、別表4-1の該当欄のとおり16,200円としているものの、上記ロの(ロ)のとおり、請求人には、平成26年末において、同社に対する売掛金があったことを裏付ける資料がなく、当該事実は認められないことから、零円と認定するのが相当である。

　　b　V社の売掛金の額について

　　　原処分庁は、V社に対する平成29年末における売掛金を計上していないところ、上記ロの(ハ)のとおり、請求人には、平成29年11月15日から同年12月31日までの期間に係る同社に対する売掛金16,200円が認められ、平成29年末においてそれが未回収であったことから、当該金額については、平成29年末におけるV社に対する売掛金の額として認定するのが相当である。

　　c　上記a及びbを除く他の売掛金の額は、別表4-1の各金額のとおりとするのが相当である。

　　　よって、本件各年末の売掛金の額は、別表4-2の各金額のとおりとなる。

　(C)　小括

　　　以上のとおり、原処分庁が純資産の増加額の算定に際し基礎とした資産の内容については一部誤りが認められるものの、その他に当該算定において不合理な点はない。

C　加算調整項目

(A)　生活費の額

　　　　原処分庁は、上記ロの(イ)のＢの(A)のとおり、家計調査年報の「消費支
　　　出」の額を基に請求人に係る本件各年分の生活費の額を算定している。家
　　　計調査年報における家計調査は、総務省統計局が、国民生活における家計
　　　収支の実態を明らかにすることを目的として、一定の統計上の抽出方法に
　　　基づき選定された全国約9,000世帯を対象に、家計の収入、支出、貯蓄及
　　　び負債などを毎月調査し、その調査結果を公表するというものであって、
　　　その調査結果は、調査対象とされた世帯の標準的な家計収支等に関する統
　　　計として信頼性が高いものとされており、その数値の合理性及び客観性は、
　　　相当程度担保されていると認められる。そうすると、原処分庁が、本件各
　　　年分の請求人に係る生活費の額を家計調査年報の「消費支出」の額を基に
　　　算定したことには合理性が認められる。

　　　　したがって、原処分庁が、上記ロの(イ)のＢの(A)のとおり、本件各年分の
　　　請求人に係る生活費の額を算定し、別表２−１の⑦欄の各金額のとおりと
　　　したことは、相当と認められる。

(B)　租税公課等の額

　　　　原処分庁は、上記ロの(イ)のＢの(B)のとおり、本件各年分の租税公課等の
　　　額について、別表６の「合計」欄の各金額のとおり認定している。これら
　　　の各項目のうち、申告所得税等の額、市県民税の額、国民健康保険税の額、
　　　介護保険料の額及び固定資産税の額については、家計調査年報の「非消費
　　　支出」に分類され、いずれも「消費支出」の金額に含まれていないから、
　　　原処分庁がこれらの各項目を加算調整項目としたこと及び各項目の額を別
　　　表６の「申告所得税等」欄ないし「固定資産税」欄の各金額のとおり認定
　　　したことは、相当と認められる。

　　　　また、原処分庁が認定した租税公課等の額のうち、各生命保険料の額に
　　　ついては、Ｎ社に係る生命保険契約及びＰ社に係る生命保険契約がいずれ
　　　も、養老保険、終身保険又は拠出型企業年金保険に係る契約であり、当該
　　　各保険契約に基づく保険料の支出は、いずれも家計調査年報の「実支出以
　　　外の支払」に分類され、「消費支出」の額に含まれていないから、原処分
　　　庁が当該各生命保険契約に係る保険料の支出を加算調整項目としたこと及

び当該保険料の額を別表6の「生命保険料（N社）」欄及び「生命保険料
（P社）」欄の各金額のとおり認定したことは、相当と認められる。

D　減算調整項目

(A)　預貯金利息の額

原処分庁は、上記ロの(イ)のCの(A)とおり、本件各年分の預貯金利息の額
を認定している。

なお、別表7-1のうち、原処分庁が請求人名義のX信用金庫○○支店
の定期預金口座として認定した口座番号○○○○及び口座番号○○○○の
各口座は、実際にはX信用金庫○○支店の口座であるから、当該各口座に
係る預貯金利息については、X信用金庫○○支店の定期預金口座に係る預
貯金利息としてそれぞれ認定するのが相当である。

また、原処分庁は、本件同居人名義のK信用金庫○○支店の定期積金口
座（口座番号○○○○）に係る平成29年分の預貯金利息の額を、別表7-
1の該当欄のとおり147円と認定しているが、当審判所の調査の結果によ
れば、当該認定は誤りであり、66円と認定するのが相当である。

その他の預貯金利息の額は、別表7-1の各金額のとおりとするのが相
当である。

よって、本件各年分の預貯金利息の額は、別表7-2の各金額のとおり
となる。

(B)　年金収入等の額

原処分庁が、上記ロの(イ)のCの(B)のとおり、請求人及び本件同居人が受
領した年金収入等の額を認定し、別表2-1の⑪欄の各金額としたことは、
原処分関係資料によっても相当と認められる。

(C)　その他の事業外所得の額

請求人は、前記3の(3)の「請求人」欄のロの(ロ)のとおり、本件定期預金
口座に入金した2,000,000円（本件定期預金）は、本件普通預金口座の預金
を原資とするものであるとして、事業外所得の存在を主張する。

前記1の(3)のハ及びニのとおり、本件同居人は、平成28年7月30日及び
同月31日に、本件子名義の口座である本件普通預金口座からそれぞれ
1,000,000円を2日にわたり連続して引き出し、その翌日には、引き出した

合計2,000,000円と同額を本件定期預金口座に入金していることが認められる。そして、本件同居人が、本件子の同意の下、本件普通預金口座に係る通帳及びキャッシュカードを管理していることや、本件普通預金口座の預金を請求人らが費消することに同意している旨の本件子の申述に加えて、本件普通預金口座から引き出された合計2,000,000円が本件定期預金口座への入金以外に充てられたことをうかがわせる事情がないことなどを併せ検討すれば、本件定期預金口座に入金された2,000,000円は、本件普通預金口座から引き出された合計2,000,000円を原資とするものであると認めることが相当である。

そして、本件普通預金口座に係る預金が、口座の名義人である本件子に帰属するものであることからすれば、本件定期預金口座へ入金された2,000,000円は、少なくとも本件事業に係る収入を原資とするものとはいえず、当該金額は事業外所得に該当し、平成28年分の減算調整項目として認定するのが相当である。

E　原処分における推計の方法の合理性

上記イのとおり、資産負債増減法は、所得の処分ないし留保の状態から所得の金額を把握しようとするものであって、その基礎となる各項目の正確性が担保される限り、所得の推計方法として十分な合理性を有する方法ということができるところ、上記AないしDのとおり、原処分庁が認定した資産負債増減法における各項目については、資産の増加額及び減算調整項目の一部に誤りが認められるものの、これらはいずれも是正可能なものであって、その他の項目の内容及び金額はいずれも相当と認められるから、一部の誤りを是正した後の純資産の増加額、加算調整項目及び減算調整項目により算出された所得金額は、正確性が担保された各項目に基づき算出された所得金額ということができる。

以上によれば、原処分庁が採用した本件事業に係る所得の推計方法には合理性があるというべきである。

(ロ)　請求人の主張について

A　生活費の額について

請求人は、前記3の(3)の「請求人」欄のイの(イ)のとおり、生活費の額につ

いて、家計調査年報の額をそのまま引用して算定するのではなく、家計調査年報の項目ごとに請求人の生活実態を考慮して算定すべきである旨主張する。

　　しかしながら、請求人が、家計調査年報の「消費支出」の一部の項目についてのみ、それに対応する請求人自身の生活費の額と異なる旨を主張したとしても、合理性及び客観性が相当程度担保されている家計調査年報により生活費全体の額を推計することが著しく不合理となる特別の事情とはいえず、その他、当審判所の調査及び審理の結果によっても、請求人に家計調査年報による推計が著しく不合理となる特別な事情は認められない。

　　したがって、請求人の主張には理由がない。

B　租税公課等の額について

　　請求人は、前記３の(3)の「請求人」欄のイの(ロ)のとおり、原処分庁が資産負債増減法の加算調整項目とした租税公課等のうち、本件固定資産税について、本件自宅の１室を事業に使用しているため、その使用割合に基づき算定した金額を租税公課等の額から減算すべきである旨主張する。

　　しかしながら、請求人が提示する証拠資料等によっても、本件自宅の１室を事業のために使用していることを認めることはできず、当審判所の調査及び審理の結果によっても同様である。

　　したがって、請求人の主張は採用できない。

C　平成27年における本件普通預金口座からの出金について

　　請求人は、前記３の(3)の「請求人」欄のロの(イ)のとおり、本件普通預金口座から平成27年中に引き出された2,000,000円は、請求人及び本件同居人の生活費等に費消しているため、請求人の事業所得から減算すべきである旨主張し、生活費等に費消したことは、平成27年中に請求人名義の預金口座から現金が引き出された頻度やその金額が少ないことから裏付けられるとする。確かに、当審判所の調査によれば、平成27年５月28日及び同年10月21日にそれぞれ1,000,000円が本件普通預金口座から引き出されたことが認められる。

　　しかしながら、平成27年中における、請求人名義の預金口座からの現金の引出しの頻度及びその金額が他の年に比して少ないわけではなく、請求人が主張の裏付けとする事情はその前提を欠くものであり、また、本件子名義の預金口座（本件普通預金口座）から平成27年中に上記金額を出金した理由や

その用途について、生活費等に費消したとの説明以上の具体的な説明をしていないことからすれば、当該2,000,000円について、請求人又は本件同居人が生活費等として費消したと認めることはできない。

　　　　したがって、請求人の主張にはいずれも理由がない。

　　Ｄ　本件同居人に対する給与について

　　　　請求人は、上記３の(3)の「請求人」欄のロの(ハ)のとおり、原処分庁は、本件同居人について配偶者控除及び専従者控除を認めていないのであるから、請求人が本件同居人に毎月支払った給与80,000円は、事業上の必要経費に該当し、資産負債増減法の減算調整項目として減算すべきである旨主張する。

　　　　しかしながら、本件各自主計算用紙及び本件各経費集計書面には本件同居人に対する給与の支払金額の記載があるものの、当該支払の事実等を裏付ける資料の提示はなく、当審判所の調査及び審理の結果によっても、請求人が本件同居人に給与として毎月80,000円を支払った事実を認めることはできない。

　　　　したがって、請求人の主張は採用できない。

　(ハ)　原処分庁の主張について

　　　　原処分庁は、上記３の(3)の「原処分庁」欄のロの(ロ)のとおり、本件同居人が、平成28年出金分により本件定期預金口座を開設したとの事実を裏付ける証拠はない旨主張する。

　　　　しかしながら、本件定期預金は、本件普通預金口座から引き出された合計2,000,000円（平成28年出金分）が原資であることは上記(イ)のＤの(Ｃ)のとおりである。また、原処分庁から提出された証拠資料及び当審判所の調査及び審理の結果によっても、本件定期預金の原資が、本件事業に係る所得であると認めることはできない。

　　　　したがって、原処分庁の主張には理由がない。

(4)　原処分の適法性について

　イ　平成27年分及び平成29年分の各更正処分の適法性について

　　　上記(1)のとおり、本件調査に係る手続に原処分の取消事由となるべき違法又は不当はなく、上記(2)のとおり、請求人の本件各年分の事業所得の金額の算定においては、推計の必要性があると認められる。

また、上記(3)のとおり、原処分庁が用いた資産負債増減法の項目の一部に誤りがあると認められるものの、その推計方法には合理性が認められることから、当審判所において、資産負債増減法を用いて、請求人の平成27年分及び平成29年分の事業所得の金額を算定すると、別表2－2の「平成27年分」欄及び「平成29年分」欄の⑭欄の各金額のとおりとなる。これに基づき、請求人の平成27年分及び平成29年分の総所得金額及び所得税等の納付すべき税額を計算すると、別表9の「平成27年分」欄及び「平成29年分」欄の「審判所認定額」欄のとおりとなり、平成27年分及び平成29年分の所得税等の納付すべき税額は、平成27年分及び平成29年分の各更正処分の金額をいずれも上回ると認められる。

　　また、平成27年分及び平成29年分の各更正処分のその他の部分については、請求人は争わず、当審判所に提出された証拠資料等によっても、これを不相当とする理由は認められない。

　　したがって、平成27年分及び平成29年分の各更正処分は、いずれも適法である。
ロ　平成28年分の更正処分の適法性について
　　上記(1)のとおり、本件調査に係る手続に原処分の取消事由となるべき違法又は不当はなく、上記(2)のとおり、請求人の本件各年分の事業所得の金額の算定においては、推計の必要性があると認められる。

　　また、上記(3)のとおり、原処分庁が用いた資産負債増減法の項目の一部に誤りがあると認められるものの、その推計方法には合理性が認められることから、当審判所において、資産負債増減法を用いて、請求人の平成28年分の事業所得の金額を算定すると、別表2－2の「平成28年分」欄の⑭欄の金額のとおりとなる。これに基づき、請求人の平成28年分の総所得金額及び所得税等の納付すべき税額を計算すると、別表9の「平成28年分」欄の「審判所認定額」欄のとおりとなり、平成28年分の所得税等の納付すべき税額は、平成28年分の更正処分の金額を下回るから、平成28年分の更正処分はその一部を別紙「取消額等計算書」のとおり取り消すべきである。

　　なお、平成28年分の更正処分のその他の部分については、請求人は争わず、当審判所に提出された証拠資料等によっても、これを不相当とする理由は認められない。
ハ　平成27年分及び平成29年分の各賦課決定処分の適法性について

上記イのとおり、平成27年分及び平成29年分の各更正処分はいずれも適法であ
　　り、また、本件において、通則法第65条《過少申告加算税》（平成27年分の所得
　　税等については、平成28年法律第15号による改正前のもの。）第4項に規定する
　　「正当な理由」があるとは認められない。そして、当審判所においても、請求人
　　の平成27年分及び平成29年分の過少申告加算税の額は、平成27年分及び平成29年
　　分の各賦課決定処分における金額といずれも同額であると認められる。
　　　したがって、平成27年分及び平成29年分の各賦課決定処分はいずれも適法であ
　　る。
　ニ　平成28年分の賦課決定処分の適法性について
　　　上記ロのとおり、平成28年分の更正処分の一部が取り消されることに伴い、過
　　少申告加算税の基礎となる税額は○○○○円となるところ、当該更正処分により
　　納付すべき税額の計算の基礎となった事実が当該更正処分前の税額の計算の基礎
　　とされていなかったことについて、通則法第65条第4項に規定する「正当な理
　　由」があるとは認められない。そして、これに基づき、平成28年分の過少申告加
　　算税の額を計算すると○○○○円となり、平成28年分の賦課決定処分の金額を下
　　回るから、平成28年分の賦課決定処分はその一部を別紙「取消額等計算書」のと
　　おり取り消すべきである。
（5）　結論
　　よって、審査請求には理由があるから、原処分の一部を取り消すこととする。

別表1　審査請求に至る経緯（省略）

別表2－1　資産負債増減法による本件各年分の事業所得の金額の計算明細（原処分庁主張額）（省略）

別表2－2　資産負債増減法による本件各年分の事業所得の金額の計算明細（審判所認定額）（省略）

別表3－1　本件各年末の預貯金の内訳（原処分庁主張額）（省略）

別表3－2　本件各年末の預貯金の内訳（審判所認定額）（省略）

別表4－1　本件各年末の売掛金の内訳（原処分庁主張額）（省略）

別表4－2　本件各年末の売掛金の内訳（審判所認定額）（省略）

別表5　本件各年分の生活費の額の内訳（原処分庁主張額）（省略）

別表6　本件各年分の租税公課等の額の内訳（原処分庁主張額）（省略）

別表7－1　本件各年分の預貯金利息の額の内訳（原処分庁主張額）（省略）

別表7－2　本件各年分の預貯金利息の額の内訳（審判所認定額）（省略）

別表8　本件各年分の年金収入等の額の内訳（原処分庁主張額）（省略）

別表9　総所得金額及び所得税等の納付すべき税額等（省略）

別紙　取消額等計算書（省略）

二　相続税法関係

〈令和3年7月〜9月分〉

事例2 （相続税の課税財産の認定　預貯金等　預貯金）

　被相続人が毎年一定額を入金していた未成年の子名義の預金口座に係る預金は相続財産に含まれないと認定した事例（①平成29年1月相続開始に係る相続税の更正処分及び更正の請求に対する更正処分、②平成29年1月相続開始に係る相続税の過少申告加算税の各賦課決定処分及び重加算税の各賦課決定処分並びに過少申告加算税の変更決定処分、③平成29年1月相続開始に係る相続税の過少申告加算税の再変更決定処分及び重加算税の変更決定処分・①一部取消し、②一部取消し、③却下・令和3年9月17日裁決）

《ポイント》
　本事例は、被相続人が、毎年一定の金額を当時未成年であった嫡出でない子（長女）に贈与する旨を記した贈与証を作成した上で、長女の唯一の法定代理人である母を介し、長女名義の普通預金口座に毎年入金していたことにつき、当該母が、その贈与証に基づく贈与を受諾し、入金していたものであるから、当該口座に係る預金は長女に帰属する財産であり、相続財産には含まれないと認定したものである。

《要旨》
　原処分庁は、請求人の亡夫（被相続人）が、毎年一定の金額を当時未成年であった被相続人の嫡出でない子（長女）に贈与する旨を記した贈与証（本件贈与証）を作成した上で、長女の母を介し、長女名義の普通預金口座（本件預金口座）に平成13年から平成24年までの間、毎年入金していたことについて、長女の母は、本件贈与証の具体的内容を理解しておらず、被相続人の指示に従い本件預金口座に入金していたにすぎず、当該入金が長女へ贈与されたものとは認識していないから、被相続人から長女への贈与は成立しておらず、本件預金口座に係る預金は被相続人の相続財産に含まれる旨主張する。
　しかしながら、本件贈与証の内容は、その理解が特別困難なものとはいえない上、長女の母は、本件贈与証を預かるとともに、被相続人の依頼により本件預金口座へ毎年入金し、本件預金口座の通帳等を口座開設当時から管理していたことからすれば、平成13年当時、長女の唯一の親権者であった長女の母は、長女の法定代理人として、本件贈与証による贈与の申込みを受諾し、その履行として本件預金口座へ毎年入金していたと認

めるのが相当であり、また、本件預金口座には、利息を除き、毎年の入金以外に入金はないから、本件預金口座に係る預金は、平成13年の口座開設当初から長女に帰属するものであって、相続財産には含まれない。

（令和3年9月17日裁決）

《裁決書（抄）》

1　事　実

(1)　事案の概要

　　本件は、審査請求人（以下「請求人」という。）が①原処分庁所属の調査担当職員による調査を受けて相続税の修正申告をしたところ、原処分庁が、当該修正申告では被相続人が保管していた現金及び相続開始前3年以内に贈与した財産の一部が申告漏れである上、請求人には被相続人名義の預金を解約して相続財産としなかった隠蔽行為があったなどとして更正処分及び重加算税の賦課決定処分等を行ったこと、また、②当該修正申告では他の相続人2名に相続開始日の3年より前に贈与された財産が相続財産とされており、納付すべき相続税額が過大であったとして更正の請求をしたところ、原処分庁が、請求の一部のみを認容した減額更正処分等を行ったことに対し、請求人が、原処分庁の認定には誤りがあるなどとして、これらの原処分の一部の取消しを求めた事案である。

(2)　関係法令

イ　国税通則法（以下「通則法」という。）第68条《重加算税》第1項は、同法第65条《過少申告加算税》第1項の規定に該当する場合において、納税者がその国税の課税標準等又は税額等の計算の基礎となるべき事実の全部又は一部を隠蔽し、又は仮装し、その隠蔽し、又は仮装したところに基づき納税申告書を提出していたときは、当該納税者に対し、過少申告加算税の額の計算の基礎となるべき税額に係る過少申告加算税に代え、当該基礎となるべき税額に100分の35の割合を乗じて計算した金額に相当する重加算税を課する旨規定している。

ロ　相続税法第19条《相続開始前3年以内に贈与があった場合の相続税額》第1項は、相続又は遺贈により財産を取得した者が当該相続の開始前3年以内に当該相続に係る被相続人から贈与により財産を取得したことがある場合においては、その者については、当該贈与により取得した財産の価額を相続税の課税価格に加算した価額を相続税の課税価格とみなし、同法第15条から第18条までの規定を適用して算出した金額をもって、その納付すべき相続税額とする旨規定している。

ハ　相続税法第19条の2《配偶者に対する相続税額の軽減》第1項は、被相続人の配偶者が当該被相続人から相続により財産を取得した場合には、当該配偶者につ

— 37 —

いては、所定の方法により計算した金額を納付すべき相続税額から控除する旨規定している。

　　同条第5項は、同条第1項の相続により財産を取得した者が、隠蔽仮装行為に基づき、相続税の申告書を提出しており、又はこれを提出していなかった場合において、当該相続に係る相続税についての調査があったことにより当該相続税について更正又は決定があるべきことを予知して期限後申告書又は修正申告書を提出するときは、当該期限後申告書又は修正申告書に係る相続税額に係る同条第1項の規定の適用については、被相続人の配偶者が行った隠蔽仮装行為による事実に基づく金額に相当する金額を相続税の課税価格に含まないものとして計算する旨規定している。

　　同条第6項は、同条第5項の「隠蔽仮装行為」とは、相続により財産を取得した者が行う行為で当該財産を取得した者に係る相続税の課税価格の計算の基礎となるべき事実の全部又は一部を隠蔽し、又は仮装することをいう旨規定している。

ニ　民法（平成29年6月2日法律第44号による改正前のもの。）第549条《贈与》は、贈与は、当事者の一方が自己の財産を無償で相手方に与える意思を表示し、相手方が受諾をすることによって、その効力を生ずる旨規定している。

　　同法第550条《書面によらない贈与の撤回》は、書面によらない贈与は、各当事者が撤回することができるが、履行の終わった部分については、この限りでない旨規定している。

(3)　基礎事実

　　当審判所の調査及び審理の結果によれば、次の事実が認められる。

イ　被相続人及び相続人等について

　(イ)　G（以下「本件被相続人」という。）は、平成29年1月○日（以下「本件相続開始日」という。）に死亡し、その相続（以下「本件相続」という。）が開始した。

　(ロ)　本件相続に係る共同相続人は、本件被相続人の妻である請求人、本件被相続人と請求人の子であるH及びJ、並びに本件被相続人とKの子であるL及びMの5名（以下、本件被相続人の子4名を併せて「本件子ら」といい、請求人と本件子らを併せて「相続人ら」という。）である。

　　なお、本件被相続人は、平成27年4月2日、L及びMを認知した。

(ハ)　本件被相続人は、Ｎ社及びＰ社の代表取締役並びに社会福祉法人Ｑの財務担当の理事を務めるとともに、平成27年５月のＪへの役員変更までは、Ｒ社の代表取締役を務めていた。

(ニ)　Ｋは、Ｓ社の代表取締役を務めるとともに、上記(ハ)のＮ社ほか３法人及びＳ社（以下、これらの５法人を併せて「関連法人」という。）の経理事務を担当していた。

(ホ)　Ｈは、平成29年１月22日、Ｎ社の代表取締役に就任した。

ロ　現金の発見について

Ｈは、平成29年秋頃、Ｎ社の事務室内に並べて置かれた２つの金庫のうち、小さい方の金庫（以下、この金庫を「本件金庫」といい、もう一方の金庫を「本件大金庫」という。）に保管されていた現金○○○○円（以下「本件現金」という。）を発見した。

ハ　「贈与証」と題する書面について

本件被相続人は、生前、平成13年８月吉日付の「贈与証」と題する書面（以下「本件贈与証」という。）を作成した。本件贈与証には、「私は、平成拾参年度より以後、毎年八月中に左記の四名の者に金、○○○○円也を各々に贈与する。但し、法律により贈与額が変動した場合は、この金額を見直す。」と記載されており、本件子らの住所及び氏名が記載された上、本件被相続人の署名押印がされていた。

なお、本件贈与証には、本件子らの署名押印はいずれもなかった。

ニ　本件子ら名義の普通預金口座について

(イ)　Ｋは、平成13年８月10日、本件被相続人の依頼により、Ｔ銀行○○支店において、次のとおりの各普通預金口座（以下、これらの普通預金口座を併せて「本件子ら名義口座」という。）を開設した。

Ａ　Ｈ名義の普通預金口座（口座番号○○○○。以下「Ｈ名義口座」といい、Ｈ名義口座に係る預金を「Ｈ名義預金」という。）

Ｂ　Ｊ名義の普通預金口座（口座番号○○○○。以下、当該口座に係る預金を「Ｊ名義預金」という。）

Ｃ　Ｌ名義の普通預金口座（口座番号○○○○。以下、当該口座に係る預金を「Ｌ名義預金」という。）

D　M名義の普通預金口座（口座番号○○○○。以下「M名義口座」といい、M名義口座に係る預金を「M名義預金」という。）

(ロ)　Kは、平成13年ないし平成24年の各年に一度、本件被相続人から依頼され、U銀行○○支店の本件被相続人名義の普通預金口座（口座番号○○○○）又は同行○○出張所の同人名義の普通預金口座（口座番号○○○○）から現金○○○○円を出金し、本件子ら名義口座にそれぞれ○○○○円を入金した。

なお、本件子ら名義口座への各年の入金日は、平成13年8月10日、平成14年5月13日、平成15年6月25日、平成16年11月9日、平成17年11月16日、平成18年8月4日、平成19年6月15日、平成20年8月12日、平成21年6月25日、平成22年5月28日、平成23年8月8日、平成24年6月28日であった。

(ハ)　Kは、平成27年6月1日、本件被相続人の依頼により、H名義預金の残高○○○○円の全額を現金で払い出し、H名義預金の通帳とともに本件被相続人に引き渡した（以下、この払い出した金員を「本件金員1」という。）。

また、本件被相続人は、平成27年8月、N社の事務所において、本件金員1とともにH名義預金の通帳をHに対して手渡した。

(ニ)　L名義預金は、平成28年2月24日に当該預金に係る口座から○○○○円が出金されており、本件相続開始日時点の残高は○○○○円であった。

また、J名義預金及びM名義預金の本件相続開始日時点の残高は、いずれも○○○○円であった。

ホ　本件被相続人名義の普通預金口座からの払出し等について

請求人は、平成29年1月4日、V銀行○○支店の本件被相続人名義の普通預金口座（口座番号○○○○。以下「本件被相続人名義口座」といい、本件被相続人名義口座に係る預金を「本件被相続人名義預金」という。）を解約し、払い出した20,316,074円（以下「本件金員2」という。）を同支店の請求人名義の普通預金口座（口座番号○○○○。以下「請求人名義口座」といい、請求人名義口座に係る預金を「請求人名義預金」という。）に入金した。

なお、請求人は、平成29年10月31日に請求人名義口座を解約した。

ヘ　遺産分割協議について

相続人らの間で、平成29年10月30日、本件相続に係る遺産分割協議が成立し、同日付の遺産分割協議書（以下「本件遺産分割協議書」という。）に相続人ら全

員が署名押印をした。

　　なお、本件遺産分割協議書には、本件現金、J名義預金、L名義預金、M名義預金、本件金員1及び本件金員2について、いずれも記載はない。

(4)　審査請求に至る経緯

イ　請求人は、本件相続に係る相続税（以下「本件相続税」という。）の申告書の作成をX税理士（以下「本件税理士」という。）に依頼し、別表1の「申告」欄のとおり記載した相続税の申告書（以下「本件申告書」という。）を他の相続人らとともに法定申告期限までに提出した。

　　なお、本件申告書において、本件現金、J名義預金、L名義預金、M名義預金、本件金員1及び本件金員2は、いずれも本件相続税の課税価格の計算の基礎となる財産に含まれていない。

ロ　請求人は、原処分庁所属の調査担当職員（以下「調査担当者」という。）による調査（以下「本件調査」という。）を受け、令和2年6月9日、J名義預金、M名義預金及び本件金員2は本件相続に係る相続財産（以下「本件相続財産」という。）であり、L名義預金についても、Lが本件被相続人から相続開始前3年以内に贈与されたものであったなどとして、これらを反映した別表1の「修正申告」欄のとおり記載した修正申告書（以下「本件修正申告書」という。）を原処分庁に提出した。

ハ　原処分庁は、本件修正申告書に基づき、令和2年6月30日付で、別表1の「賦課決定処分」欄のとおり、過少申告加算税の賦課決定処分（以下「本件賦課決定処分1－1」という。）をするとともに、本件金員2の申告漏れは隠蔽行為に基づくものであるとして、重加算税の賦課決定処分（以下「本件賦課決定処分1－2」という。）をした。

ニ　併せて、原処分庁は、令和2年6月30日付で、本件修正申告書においては、本件現金が本件相続財産に含まれておらず、本件金員1が本件相続の開始前3年以内にHに贈与されたものであることが反映されていないなどとして、別表1の「更正処分等」欄のとおり、更正処分並びに過少申告加算税及び重加算税の各賦課決定処分（以下順に、「本件更正処分1」、「本件賦課決定処分2－1」及び「本件賦課決定処分2－2」という。）をした。

ホ　請求人は、上記ハ及びニの各処分に不服があるとして、令和2年9月29日に審

査請求をした。

　　ヘ　請求人は、令和２年10月15日、原処分庁に対し、Ｌ名義預金及びＭ名義預金については、いずれも本件相続開始日の３年より前に贈与されたものであったとして、本件相続税について別表１の「更正の請求」欄のとおりとすべき旨の更正の請求をした。

　　　　これに対し、原処分庁は、令和３年１月８日付で、本件賦課決定処分２－１の過少申告加算税の額に計算誤りがあったとして、別表１の「変更決定処分」欄のとおり変更決定処分（以下「本件変更決定処分１」という。）をした上で、Ｌ名義預金に係る部分については更正の請求を認め、Ｍ名義預金に係る部分については更正の請求に理由がないとして、別表１の「更正処分等（減額）」欄のとおり、減額更正処分をし、これに伴う過少申告加算税及び重加算税の変更決定処分（以下順に、「本件更正処分２」、「本件変更決定処分２－１」及び「本件変更決定処分２－２」といい、本件更正処分１及び本件更正処分２を併せて「本件各更正処分」という。また、本件賦課決定処分１－１、本件変更決定処分１により増額され、本件変更決定処分２－１により減額された後の本件賦課決定処分２－１、本件賦課決定処分１－２、本件変更決定処分２－２により減額された後の本件賦課決定処分２－２を併せて「本件各賦課決定処分」という。）をした。

　　ト　請求人は、令和３年２月18日、上記ヘの各処分に不服があるとして審査請求をした。

　　チ　上記ホ及びトの各審査請求について、通則法第104条《併合審理等》第１項の規定に基づき併合審理する。

２　争　点

(1)　本件現金は、本件相続財産に含まれるか否か（争点１）。

(2)　本件被相続人からＨに対しＨ名義口座に係る財産が贈与された時期はいつか（争点２）。

(3)　Ｍ名義預金は、本件相続財産に含まれるか否か（具体的には、Ｍ名義預金は本件被相続人とＭのいずれに帰属するものか。）（争点３）。

(4)　請求人に通則法第68条第１項に規定する隠蔽又は仮装の行為及び相続税法第19条の２第５項に規定する隠蔽仮装行為があったか否か（争点４）。

３　争点についての主張

(1) 争点1 （本件現金は、本件相続財産に含まれるか否か。）について

原処分庁	請求人
以下のとおり、本件現金は、本件被相続人が管理していたものであり、本件被相続人に帰属する財産であるから本件相続財産を構成する。	以下のとおり、本件現金が本件被相続人の財産であるとの認定はできないから、本件相続財産に含めることはできない。
イ　本件現金が保管されていた本件金庫の鍵は、本件被相続人がY病院に入院するまでは本件被相続人が、本件被相続人が入院してからはKが、本件相続開始日以降はHがそれぞれ管理していた。 　　そして、本件現金は、HのN社代表取締役就任後にその存在が発覚したものであるが、H及びKは、本件現金の原資について把握していなかった。 　　そうすると、本件金庫に本件現金を保管していたのは、H及びKではなく、本件金庫の鍵を保管していた本件被相続人であったと認められる。	イ　本件被相続人が本件現金を保管・管理していたとしても、このことをもって、本件現金が本件相続財産であると決めつけることはできない。 ロ　また、本件金庫は、N社の所有物として同社の使用済の預金通帳を保管するなど、同社の金庫としての機能を中心に利用されており、本件被相続人の個人的な預金通帳が本件金庫の隅に混在していたにすぎず、本件被相続人の個人的な預金通帳等を保管するために存在していたものではないから、本件現金が本件相続財産であると認定することはできない。
ロ　そして、本件現金は、本件被相続人の個人的な預金通帳等とともに本件金庫内に保管されていた一方で、関連法人の経理を担当していたKが、本件調査において調査担当者に対し、「本件現金は会社のものではない」旨申述していることからすると、本件現金は少なくとも関連法人のものではないと認められる。	ハ　さらに、Kは、本件被相続人の全ての行動、取引内容を網羅的に把握できるだけの強力な立場や権限を有していないから、本件調査における「本件現金は私の知る限り会社のものではない」旨のKの申述をもって、本件現金が関連法人のものではないと認定することはできない。

ハ　上記のことに加え、本件被相続人は、平成28年6月27日に、S社から返済を受けた〇〇〇〇円のうち、〇〇〇〇円をKに贈与しており、残額の〇〇〇〇円と本件現金の額が一致することからすれば、上記返済金の一部が本件現金の原資と推認される。	

(2)　争点2（本件被相続人からHに対しH名義口座に係る財産が贈与された時期はいつか。）について

原処分庁	請求人
以下のとおり、H名義口座を用いた本件被相続人からHへの贈与（以下「本件贈与」という。）について、Hと本件被相続人の間で、本件贈与証による贈与は成立しておらず、Hが本件贈与により財産を取得した時期は、本件被相続人から本件金員1を受領した平成27年である。 イ　贈与の態様について 　　書面による贈与が成立したと認められるためには、その前提として贈与者と受贈者の合意が求められ、その上で贈与者の意思表示が書面によりされていることが必要となる。 　　よって、いかに贈与者の意思表示が書面により確認されたとしても、Hが、本件贈与証に対する受諾の意思表示をしていたと認められる証拠がなく、本件贈与証による当事者間におけ	以下のとおり、本件贈与証が作成される過程において、本件被相続人とHとの間で、包括的に書面による贈与が成立しており、平成13年ないし平成24年の各年において、その受諾及び履行がされているから、Hは、各年においてH名義口座に係る財産を取得している。 イ　贈与の態様について 　　本件贈与証による贈与は、民法第550条の書面の解釈からすれば、書面による贈与であり、贈与の時期は、贈与契約の効力が発生した時である。

る贈与の意思の合致が認められない場合には、本件被相続人とHの間で書面による贈与契約は成立していないことになるから、本件贈与は、書面によらない贈与となる。

ロ　本件贈与証による贈与の成立について

　(イ)　Hが本件贈与証の存在及びその具体的な内容を知ったのは本件相続開始日以降であり、それ以前に贈与の目的物や履行の時期を了知していたと認められる証拠はなく、本件贈与証に対する受贈の意思表示をしていたとは認められない。

　(ロ)　また、贈与契約が成立した場合、受贈者は取得した財産を自由に管理及び処分できるはずであるが、H名義預金は、平成27年に預金通帳とともに本件金員1がHへ渡されるまで本件被相続人が管理しており、H名義預金を自由に処分できるのは本件被相続人のみであった。そして、Hは、本件贈与を受諾していたと申述する一方、H名義預金の管理運用に関心を何ら示さず、H名義預金の詳細や本件贈与証に基づく贈与が履行されているか否かを預金通帳で確認すらできない状態にあった。

　(ハ)　これらの客観的事実からしても、

ロ　本件贈与証による贈与の成立について

　(イ)　本件被相続人は、暦年贈与を平成13年8月から開始することを決意し、その旨をHに口頭で申し出て、その贈与意思の証拠として本件贈与証を作成し、平成13年ないし平成24年の間、毎年贈与を履行した。

　(ロ)　また、H名義口座は、Hの依頼により本件被相続人が開設し、その預金通帳及び銀行印も本件被相続人に預託されていたものであり、本件被相続人は、毎年、○○○○円をH名義口座に入金する都度、贈与する旨をHに通知し、Hはこれを受諾していた。

　(ハ)　したがって、平成13年から平成24年の間、本件贈与証による暦年贈与が成立していた。

　(ニ)　なお、Hは、本件調査時から、本件相続とは関係がないと思っていたから本件贈与について調査担当者に伝えなかった旨を申述しており、Hの申述等は、本審査請求の展開に合

本件被相続人とHとの間で本件贈与証による贈与が成立していたとは認められない。	わせて変遷又は新たになされたものでなく、当初から一貫しており、不自然なものでもない。
㈡　なお、本件調査において、Hは、本件被相続人から贈与を受けたことはない旨申述しており、本件贈与証による贈与について電話で本件被相続人からの贈与意思を聞き、その都度受諾していた旨のその後の申述等は、本審査請求の展開に合わせて変遷又は新たになされている不自然なものであるから信用することはできない。	
ハ　本件贈与の成立時期について 　　上記ロのとおり、平成13年ないし平成24年の期間において、本件被相続人とHとの間で本件贈与証による贈与が成立していたとは認められない。 　　一方、Hは、平成27年に本件金員1及びH名義預金の通帳の交付を受けており、これにより具体的な本件贈与の事実を把握するとともに、受贈の意思表示をしたものと認められるから、本件贈与は、平成27年に成立したものである。	ハ　本件贈与の成立時期について 　　上記ロのとおり、本件贈与証の作成により書面による贈与が包括的に成立し、その後、毎年H名義口座に入金される都度、その書面による贈与が具体的に確定しているから、平成13年ないし平成24年の各年において、Hに対する暦年贈与が成立し、その履行も終えていた。

(3)　争点3（M名義預金は、本件相続財産に含まれるか否か（具体的には、M名義預金は本件被相続人とMのいずれに帰属するものか。）。）について

請求人	原処分庁

以下のとおり、平成13年ないし平成24年の各年において、本件被相続人からMへの本件贈与証による贈与が成立しているから、M名義預金は本件相続財産に含まれない。

なお、Kは、平成27年8月頃に、Mに対し、M名義預金の通帳及び銀行印を渡している。

イ　贈与の態様について

　本件贈与証による贈与は、民法第550条の書面の解釈からすれば、書面による贈与であり、贈与の時期は、贈与契約の効力の発生した時である。

ロ　本件贈与証による贈与の成立について（平成13年ないし平成○年）

　(イ)　Mは、本件贈与証が作成された平成13年8月当時は未成年者であり、本件被相続人に認知された平成27年4月2日まではKが唯一の親権者として財産管理権を有していた。

　(ロ)　そして、Kは、本件贈与証の作成当時に本件被相続人から本件贈与証を見せられ、その贈与を受諾した。

以下のとおり、平成13年ないし平成24年の各年において、本件被相続人とMの間で贈与契約が成立していたとは認められず、MがM名義預金の通帳を実際に取得した時期は平成30年と認められるから、M名義預金は、本件相続開始日時点において、本件被相続人に帰属し、本件相続財産に含まれる。

イ　贈与の態様について

　書面による贈与が成立したと認められるためには、その前提として贈与者と受贈者の合意が求められ、その上で贈与者の意思表示が書面によりされていることが必要となる。

　よって、いかに贈与者の意思表示が書面により確認されたとしても、当事者間における贈与の意思の合致が認められない場合は、贈与契約自体が成立しないこととなる。

ロ　本件贈与証による贈与の成立について（平成13年ないし平成○年）

　(イ)　Kは、本件被相続人の指示に基づきM名義口座への入金を行っていただけであった旨申述しており、M名義預金の通帳をMに渡す際には、本件被相続人がMのために積み立てていた金員である旨を説明していたことが認められることからすると、本件贈与証の存在を認識していたもの

(ハ) その後、Kは、本件贈与証に基づく贈与の履行補助者として、毎年、本件被相続人に命じられ、本件子ら名義口座へそれぞれ○○○○円の入金を行うとともに、Mの親権者として各年の贈与を受諾していた。

(ニ) そうすると、平成13年ないし平成○年の各年において本件贈与証による贈与が成立していた。

の、その具体的内容を理解していなかった。

(ロ) そうすると、Kは、自身が行っていたM名義口座への入金が、Mへ贈与されていたものであると認識していたとは認められず、本件被相続人の指示に従い本件子ら名義口座へ各○○○○円の資金移動を行っていたにすぎない。

(ハ) したがって、Kが、Mが未成年者であった期間において、本件被相続人からMへの贈与を受諾していたとは認められず、本件贈与証による贈与は成立していない。

ハ 本件贈与証による贈与の成立について（平成○年ないし平成24年）

(イ) Kは、Mが成年に達した頃に、毎年本件被相続人から贈与を受けていることを伝えた上で、当時、学生であったMの事務受託者としてM名義預金の通帳及び銀行印を保管していた。

(ロ) Mが成年に達した後も、Kを履行補助者としてM名義口座に○○○○円が入金されており、本件贈与証による意思表示を起点として一連の贈与が履行されていた。

(ハ) したがって、履行により贈与が取消しできない状態となっており、M

ハ 本件贈与証による贈与の成立について（平成○年ないし平成24年）

(イ) Mが成年に達した以降、Mが本件贈与証の内容を把握していたと認められる証拠はない。

(ロ) そして、Mは、①平成30年にM名義預金に係る銀行印の紛失届の手続を行い、②本件調査の結果に基づきM名義預金を本件相続財産として記載した修正申告をしたことからすると、Mが、M名義預金の通帳を実際に取得したのは平成30年であったと認められる。

(ハ) したがって、Mの成年後も本件贈与証による贈与が成立していたとは

の成年後も上記ロと同様に本件贈与証による贈与が成立している。	認められない。

(4) 争点4（請求人に通則法第68条第1項に規定する隠蔽又は仮装の行為及び相続税法第19条の2第5項に規定する隠蔽仮装行為があったか否か。）について

原処分庁	請求人
以下のとおり、請求人は、本件被相続人名義預金が本件相続財産になることを認識した上で、本件金員2を本件被相続人名義口座から請求人名義口座に移動して本件相続財産から除外したと認められ、当該行為は通則法第68条第1項に規定する隠蔽の行為及び相続税法第19条の2第5項に規定する隠蔽仮装行為に該当する。	以下のとおり、請求人は、本件被相続人名義預金が自らの財産であるとの認識に基づき、本件金員2を請求人名義口座へ移し替えたにすぎず、本件調査の初日には自発的に本件被相続人名義預金の存在を明らかにしているのであり、請求人が本件金員2を本件相続財産に含めていなかったことに、隠蔽又は仮装の行為はない。
イ　請求人は、本件被相続人の死亡前に本件被相続人名義口座を解約することを意図して、本件相続開始日の〇日前に、本件被相続人名義口座を解約し、本件金員2を請求人名義口座に入金している。 　　また、本件被相続人名義口座に請求人の内職代が入金された事実は認められないことから、本件被相続人名義預金を請求人自身の預金とは認識し得ず、本件相続開始日の直前に本件金員2を必要とした理由があったとも認められない。 ロ　請求人は、本件申告書作成の際に、	イ　請求人は、昭和46年頃、本件被相続人名義で契約している公共料金等の支払に利用するために、契約者と同じ名義がよいと判断して本件被相続人名義口座を開設したもので、本件被相続人名義預金は、定期預金の振替など請求人の一存で運用され、本件被相続人は、その存在を認識していなかった。 　　また、本件被相続人名義預金には、本件被相続人から得た生活費の残りのほか、請求人の内職収入も混在していた。 　　よって、請求人は、本件被相続人名義口座の解約当時、本件被相続人名義

本件被相続人に係る預金通帳の存在を確認していたH及び本件税理士に対して、本件被相続人名義預金や本件金員2の存在を明らかにしていない。

ハ　さらに、請求人は、本件被相続人名義の預金通帳について、本件被相続人名義預金以外のものは保管し、本件被相続人名義預金及び請求人名義預金の通帳は破棄するといった不自然な行動をとっているが、これは、本件金員2や請求人名義預金の口座番号といった情報を破棄することを目的としていたというべきである。

ニ　そうすると、請求人は、本件金員2が本件相続財産であることを知りながら、本件申告書作成の取りまとめを行ったHや本件税理士に対し、本件被相続人名義預金及び本件金員2の存在について明らかにせず、過少な相続税額が記載された本件申告書を作成させ、これを提出したと認められる。

預金を請求人が管理・保有する自分の財産だと思っていた。

なお、請求人は、平成28年の末頃に預金口座の名義人が亡くなると口座から出し入れが自由にできなくなると聞き及び、翌年初めに本件被相続人名義口座を解約したものであり、当該解約が、本件被相続人の容態の急変による死亡の○日前になったのは偶然である。

ロ　請求人が、本件申告書作成に際して、H及び本件税理士に本件被相続人名義預金の存在を告げなかったのは、上記イの認識によるものである。

ハ　請求人は、通常、使用済の預金通帳を廃棄しており、本件被相続人名義預金及び請求人名義預金の通帳も同様である。

また、請求人名義口座の解約は、請求人の預金を管理しやすいように口座をまとめたものである。

なお、本件被相続人名義預金以外の本件被相続人名義の預金通帳は、本件申告書の作成過程でHが保管することになった。

4　当審判所の判断

(1)　争点1（本件現金は、本件相続財産に含まれるか否か。）について

イ　認定事実

請求人提出資料、原処分関係資料並びに当審判所の調査及び審理の結果によれ

ば、次の事実が認められる。

(イ) 本件金庫の鍵の管理は、本件被相続人が平成28年8月4日にY病院へ入院するまでは本件被相続人が、その後平成29年3月中旬にHの妻がN社に着任するまではKが、Hの妻のN社着任後はHの妻が行っていた。

なお、Hが平成29年1月にN社の代表取締役に就任した後は、Hが本件金庫の使用の許可を行い、金庫の開閉等をHの妻及びKに指示していた。

(ロ) 本件金庫には、Hが本件現金を発見した当時、本件現金のほか、関連法人及び本件被相続人の使用済の預金通帳が保管されていた。

(ハ) 本件大金庫には、関連法人の業務において日常的に必要とされる現金、預金通帳、印章及び契約書類などが保管されていた。

なお、本件申告書に記載された財産のうち、有価証券に係る書類や使用中の預金通帳は、本件相続開始日時点において、本件被相続人の自宅には保管されておらず、全て本件大金庫に保管されていた。

(ニ) Hは、本件現金を発見するまで、その存在を知らず、Kも本件金庫に本件現金が保管されていることを知らなかった。

(ホ) 本件被相続人は、平成28年6月27日、N社の事務所内において、S社に対する貸付金の返済として、Kから現金○○○○円（以下「本件返済金」という。）を受領した。

また、Kは、平成28年7月初旬、本件被相続人から現金○○○○円の贈与を受けた。

(ヘ) 調査担当者は、本件調査において、本件税理士に対し、本件返済金について照会したところ、令和元年8月26日、本件税理士を通じ、本件被相続人がKに○○○○円を贈与した事実と併せて、本件現金の存在を了知した。

なお、調査担当者は、令和元年10月4日、Kから、本件現金は本件返済金の一部（本件返済金のうち、本件被相続人がKに贈与した分を控除した残額）かもしれないと本件税理士に説明した旨の申述を得た。

(ト) 本件現金は、令和2年5月8日、N社の会計帳簿の預り金勘定に計上された。なお、同日以前において、関連法人のいずれの会計帳簿にも本件現金の計上はなかった。

ロ　検討

(イ) 本件現金の保管・管理状況について

　　本件金庫の鍵は、上記イの(イ)のとおり管理され、本件金庫の開閉ができる者は限られており、また、HがN社の代表取締役に就任してからは、Hの許可なしに本件金庫を使用できなかったことからすると、本件金庫に本件現金を保管することができたのは、それ以前に鍵を管理していた本件被相続人又はKであったと認められる。

　　そして、上記イの(ニ)のとおり、Kは、Hが本件現金を発見するまで本件金庫に本件現金が保管されていることを知らなかった。

　　そうすると、本件現金を本件金庫に保管し、管理していたのは、本件被相続人であったと認められる。

(ロ) 本件金庫及び本件大金庫の使用状況について

　　上記イの(ロ)及び(ハ)のとおり、本件金庫には、関連法人及び本件被相続人の使用済の預金通帳が保管されており、本件大金庫には、関連法人の業務に係る預金通帳、書類等のほか、本件被相続人の個人的な預金通帳等が保管されていた。

　　そうすると、本件被相続人は、関連法人の財産とともに個人的な財産を保管するため、本件金庫及び本件大金庫の双方を使用していたものと認められる。

(ハ) 本件現金の発見の経緯と関連法人の状況について

　　本件現金は、上記1の(3)のロのとおり、平成29年の秋頃、N社の事務室内に設置されていた本件金庫内からHが発見したものであるところ、上記イの(ト)のとおり、令和2年5月8日にN社の会計帳簿の預り金勘定に計上されるまで、N社を含む関連法人のいずれの会計帳簿にも計上されていない。そして、関連法人の経理担当者であったKは、上記イの(ニ)のとおり、Hが本件現金を発見するまで、本件現金が本件金庫に保管されていたことは知らず、また、上記イの(ホ)及び(ヘ)のとおり、本件調査において、本件現金は、本件返済金のうち、本件被相続人がKに贈与した分を控除した残額である可能性を示唆してもいる。

　　この点、一般に、会計帳簿には対象時点又は対象期間における資産負債や損益の状況を正確に示すことが求められているところ、本件現金が関連法人のいずれかの資産であることを裏付ける資料は見当たらないばかりか、関連法人のいずれにも簿外資産や使途不明金の存在をうかがわせる事情は見当たらず、関連法人の経理を担当するKにも本件現金が関連法人に帰属するとの認識はなか

った。

　そうすると、本件現金の発見以前において、本件現金が関連法人の会計帳簿
に資産計上されていなかった点については、関連法人の資産状況等が正しく記
帳されているものと認めるのが相当である。

　なお、上記イの(ト)のとおり、本件調査後の令和2年5月8日に、N社の会計
帳簿の預り金勘定に本件現金が計上されてはいるものの、これは、本件調査に
おいて、調査担当者の指摘を受け、本件現金の帰属が問題となることを認識し
た後に行われたものであるから、当該預り金勘定に本件現金が計上されたこと
は、上記認定を左右しない。

　したがって、本件現金は、関連法人のいずれかに帰属するものとは認められ
ない。

(ニ)　まとめ

　以上のとおり、本件現金が関連法人のいずれかに帰属するものであるとは認
められないところ、本件現金を本件金庫に保管し、管理していたのが本件被相
続人自身であり、本件被相続人が本件金庫及び本件大金庫に本件被相続人の個
人的な財産についても保管していたことに加え、本件現金について、本件被相
続人が他から預託を受けて保管していた金員であることをうかがわせる事情も
見当たらないことに照らせば、本件現金は、本件被相続人が本件被相続人名義
の預金通帳とともに本件金庫内に保管していた自らの固有財産と認めるのが相
当である。

　したがって、本件現金は本件被相続人に帰属するものであり、本件相続財産
に含まれると認めるのが相当である。

ハ　請求人の主張について

(イ)　請求人は、上記3の(1)の「請求人」欄のイのとおり、本件被相続人が本件現
金を保管・管理していたことをもって、本件現金を本件相続財産とすることは
できない旨主張する。

　しかしながら、本件現金が本件相続財産に含まれると判断されることは上記
ロのとおりであり、本件被相続人が本件現金を保管・管理していたことのみを
もって判断したものではないから、この点に関する請求人の主張には理由がな
い。

(ロ) 請求人は、上記3の(1)の「請求人」欄のロのとおり、本件金庫は、N社の所有物であり、同社の金庫としての機能を中心として利用されていたものであり、本件被相続人の個人的な預金通帳等を保管するために存在していたものではないから、本件現金を本件相続財産とすることはできない旨主張する。

しかしながら、本件被相続人は、関連法人の財産とともに個人的な財産を保管するため、本件金庫及び本件大金庫の双方を使用していたものと認められることは上記ロの(ロ)のとおりであるから、仮に、本件金庫がN社の金庫としての機能を中心として利用されていたとしても、そのことは、本件現金が本件被相続人に帰属し、本件相続財産に含まれるとの判断を左右するものではない。

したがって、この点に関する請求人の主張には理由がない。

(ハ) 請求人は、上記3の(1)の「請求人」欄のハのとおり、本件現金は会社のものではない旨のKの申述をもって、本件現金が関連法人のものではないと認定することはできない旨主張する。

しかしながら、本件現金が関連法人のものではないことは上記ロで述べたとおりであり、Kの申述のみをもって判断したものではないから、この点に関する請求人の主張には理由がない。

(2) 争点2（本件被相続人からHに対しH名義口座に係る財産が贈与された時期はいつか。）について

イ 法令解釈

贈与は、当事者の一方（贈与者）が自己の財産を無償で相手方に与える意思を表示し、相手方（受贈者）が受諾することによってその効力を生ずる（民法第549条）。もっとも、書面によらない贈与については、履行の終わった部分を除き、各当事者が撤回することができる（民法第550条）。

ロ 認定事実

請求人提出資料、原処分関係資料並びに当審判所の調査及び審理の結果によれば、次の事実が認められる。

(イ) 本件贈与証について

Kは、本件子ら名義口座の開設当時、本件被相続人から本件贈与証の保管を任され、以後、N社事務所内の自己の机の中に保管していたところ、本件調査開始後の令和元年9月、Hから本件贈与に関する資料がないかとの問合せを受

け、Ｈに対し本件贈与証を提示し、また、Ｈは、その時初めて本件贈与証の存在を認識した。

　㈡　Ｈ名義口座の開設とその後の状況について

　　Ａ　Ｈは、Ｈ名義口座の開設手続や本人確認書類の準備を自ら行ったことはなく、本件被相続人からＨ名義預金の存在について知らされていなかった。

　　Ｂ　本件被相続人は、平成27年８月、Ｈに対し、本件金員１とともにＨ名義預金の通帳と印章を手渡しするまでは、当該通帳等を自ら保管しており、Ｈは、当該通帳等を手渡された時に初めてＨ名義預金の存在を認識した。

　　Ｃ　Ｈ名義口座の開設時から本件金員１の払出しまでの期間において、Ｈ名義口座からの出金はない。

　　Ｄ　本件被相続人は、平成25年以降、Ｈ名義口座への入金が途絶えたことについて、Ｈにその理由を伝えていない。

ハ　Ｈの陳述

　請求人が当審判所に提出した令和２年12月19日付のＨの陳述書には、要旨次の記載がある。

　㈠　大学卒業後、ｄ県外での会社勤務を経て、平成５年４月にＮ社に入社して間もなく、本件被相続人とＫとの間に子供がいるなどの二人の関係を知った。その後、Ｋに関する本件被相続人の態度に我慢できなくなり、平成10年７月にＮ社を退職した。そして、Ｚ社へ入社し、平成13年４月に同社○○支店へ転勤となったが、Ｎ社を退職してからは親との連絡を避けていたので○○支店への転勤も一切連絡しなかった。

　㈡　平成13年８月頃、突然、本件被相続人から毎年○○○○円を贈与する旨の電話があった。

　　その際、本件被相続人から、使っていない私(H)の預金口座はないかと聞かれ、そのような口座は持っていないため、そちら（本件被相続人）で作るよう答えたところ、本件被相続人は了解した。

　　また、税務署に贈与を否認されるのではないかと本件被相続人に伝えたところ、本件被相続人は証文を書くから大丈夫である旨答えた。その後、当該証文のことについては、すっかり忘れていた。

　㈢　その後、毎年、本件被相続人が○○○○円を私(H)名義の預金口座に入金した

頃、本件被相続人から電話で入金した旨を知らされ、礼を言って贈与を受け入れていた。

㈡ 平成27年のお盆の頃に帰省した際、本件被相続人から本件金員1とともにH名義預金の通帳と印章を受け取った。

ニ 検討

(イ) 本件贈与証に基づく贈与の成立の有無について

上記1の(3)のハのとおり、本件贈与証は、その記載内容からみて、本件被相続人が、平成13年8月以降、本件子らに対して、それぞれ毎年○○○○円を贈与する意思を表明したものと認められる。

なお、本件被相続人が贈与額を年額○○○○円としたのは、税制改正により平成13年1月1日以降の贈与に係る贈与税の基礎控除が1,100,000円とされたことを踏まえたものであると想定されるところ、本件贈与証に「但し、法律により贈与額が変動した場合は、この金額を見直す。」との記載があることからすると、本件被相続人は、毎年、贈与税がかからない範囲で贈与を履行する意思を有していたことが合理的に推認される。

しかしながら、本件贈与証には、受贈者の署名押印はなく、上記ロの(イ)のとおり、Hは、本件調査開始後の令和元年9月まで本件贈与証の存在を認識していなかったことからすると、本件贈与証の存在のみをもって、直ちに、本件被相続人とHとの間で、本件被相続人による毎年のH名義口座への入金に係る贈与が成立していたと認めることはできない。

(ロ) Hの陳述の信用性について

Hは、上記ハのとおり、平成13年に本件被相続人から電話で毎年贈与する旨の申込みがあり、その後も毎年電話で贈与の連絡を受け、受贈の意思を示していた旨の請求人の主張に沿う陳述を行っている。

そこで、当該Hの陳述の信用性について、以下検討する。

A Hは、本件被相続人から○○○○円を贈与する旨の申込みがあったとする際に、自身の保有口座を提供することもなく、また、新規の預金口座の開設にも協力していない旨を陳述するのであるが（上記ハの(ロ)）、かかる行動は、Hが本件被相続人との関係悪化により、一定期間疎遠であった旨の陳述（上記ハの(イ)）を考慮しても、贈与の申込みを受諾した者がとる行動としては不

自然であり、合理的な行動とは評価し得ないものである。

B　また、本件において、本件被相続人は、平成13年にKを通じてH名義口座を開設し、その後も引き続きH名義預金の通帳等を管理するとともに（上記1の(3)のニ及び上記ロの(ロ)）、H名義預金及び本件贈与証の存在をHに知らせることなく、本件贈与証をHが本件被相続人と疎遠になる一因となったKに預けており（上記ロの(イ)）、その後も、平成24年をもって、Hに何ら連絡することなく、H名義口座への入金を停止した（上記1の(3)のニの(ロ)及び上記ロの(ロ)）。そして、本件被相続人は、当該停止から3年ほど経過した平成27年8月、Hに対し、H名義預金の残高全額を払い出した本件金員1とともにH名義預金の通帳等を手渡したものであるが（上記1の(3)のニの(ハ)及び上記ロの(ロ)）、本件被相続人は、口座開設から上記手渡しまでの約14年間、Hに対して、H名義預金の金融機関名や口座番号も知らせることなく、HがH名義預金を自由に使用できる状況には置かなかった（上記ロの(ロ)）。

これら一連の経過によれば、本件被相続人は、平成13年にH名義口座を開設した当時から平成27年に本件金員1とともにH名義預金の通帳等をHに手渡すまでの間、H名義預金をHに自由に使用させる意思はなかったと認められる。

かかる当事者の行動及び事実の経過からすれば、Hの陳述のうち、本件被相続人から電話で毎年贈与する旨の申込みがあり、その後も毎年、電話で贈与の連絡を受け、その都度、受贈の意思を示していたとする点は、不自然かつ不合理なものといわざるを得ず、他にこれら陳述の内容を直接裏付ける客観的資料もないから、信用することができない。

(ハ)　Hが本件被相続人から贈与により取得した財産及び当該財産を取得した時期について

上記(イ)及び(ロ)を併せ考えると、本件において、本件被相続人とHとの間で、本件被相続人による毎年のH名義口座への入金について、当該各入金時における贈与に係る意思の合致（贈与の成立）があったと認めることはできない。

一方、上記(ロ)のBで述べた一連の事実経過等に加え、我が国において、親が子に伝えないまま子名義の銀行預金口座を開設の上、金員を積み立てておく事例が少なからず見受けられることに鑑みると、H名義口座は、本件贈与証に記

載したとおりの贈与の履行がされているとの外形を作出するために本件被相続人により開設され、平成27年8月まで本件被相続人自身の支配管理下に置かれていたものと認められるから、H名義預金は、本件被相続人に帰属する財産であったと認めるのが相当である。

そして、本件被相続人は、上記1の(3)のニの(ハ)のとおり、平成27年8月、Hに対し、H名義預金の残高全額を払い出した本件金員1を手渡し、Hはそれを受領していることから、本件被相続人とHの間においては、平成27年8月に、本件金員1に係る贈与が成立するとともに、その履行がされたものと認めるのが相当である。

ホ　請求人の主張について

請求人は、上記3の(2)の「請求人」欄のハのとおり、本件被相続人とHとの間で、本件贈与証の作成により包括的に書面による贈与が成立しており、平成13年ないし平成24年の各年において、その受諾及び履行がされているから、Hは、各年においてH名義口座に係る財産を取得している旨主張する。

しかしながら、本件贈与証の存在のみをもって、直ちに、本件被相続人とHとの間で、本件被相続人による毎年のH名義口座への入金に係る贈与が成立していたと認めることはできないこと、及び本件被相続人とHとの間で、本件被相続人による毎年のH名義口座への入金について、当該各入金時における贈与に係る意思の合致（贈与の成立）があったと認めることはできないことは、上記ニで述べたとおりである。

したがって、この点に関する請求人の主張には理由がない。

(3)　争点3（M名義預金は、本件相続財産に含まれるか否か（具体的には、M名義預金は本件被相続人とMのいずれに帰属するものか。）。）について

イ　認定事実

請求人提出資料、原処分関係資料並びに当審判所の調査及び審理の結果によれば、次の事実が認められる。

(イ)　Mは、平成○年○月○日生まれである。

(ロ)　Kは、L名義預金及びM名義預金の通帳及び印章を、口座開設当時からL又はMにそれぞれ引き渡すまで保管していた。

(ハ)　M名義口座には、口座開設時から平成24年まで、利息を除き、各年に一度の

○○○○円の入金以外に入金はない。

ロ　検討

(イ)　本件贈与証に基づく贈与の成立の有無について

　　上記(2)のニの(イ)のとおり、本件贈与証は、その記載内容からみて、本件被相続人が、平成13年8月以降、本件子らに対して、それぞれ毎年○○○○円を贈与する意思を表明したものと認められる。

　　そして、Kは、本件被相続人から本件贈与証を預かるとともに（上記(2)のロの(イ)）、本件被相続人の依頼により本件子ら名義口座に毎年○○○○円を入金し（上記1の(3)のニの(ロ)）、さらにM名義預金の通帳をMに渡すまでの間、管理していたことが認められる（上記イの(ロ)）。

　　ところで、Mは、上記イの(イ)のとおり、M名義口座が開設され、毎年の○○○○円の入金が開始された平成13年当時は未成年であったところ、上記1の(3)のイの(ロ)のとおり、Mが本件被相続人に認知されたのは平成27年4月2日であるから、平成13年8月10日以降、Mが成年に達する平成○年○月までの間におけるMの親権者はKのみであった。

　　そして、民法第824条《財産の管理及び代表》の規定により、Kは、Mが成年に達するまでは、Mの法定代理人として、その財産に関する法律行為についてその子を代表し、その財産を管理する立場にあったと認められる。

　　そうすると、Kは、平成13年当時、Mの法定代理人として、本件被相続人からの本件贈与証による贈与の申込みを受諾し、その結果、平成13年から平成24年に至るまで、当該贈与契約に基づき、その履行として、Kが管理するM名義口座に毎年○○○○円が入金されていたものと認めるのが相当である。

(ロ)　M名義預金は本件相続財産か否かについて

　　上記(イ)のとおり、本件被相続人とMとの間においては、平成13年当時、本件贈与証に基づく贈与契約が有効に成立していると認められる。

　　そして、M名義口座は、上記1の(3)のニの(イ)及び(ロ)のとおり、平成13年8月10日に開設された後、平成13年ないし平成24年までの各年に一度、本件被相続人からの○○○○円の入金が認められるほかは、上記イの(ハ)のとおり、利息を除き、入金は認められないことから、上記贈与契約の履行のために開設されたものであることは明らかである。

また、Ｍ名義預金の通帳及び印章は、上記イの(ロ)のとおり、当初から、Ｋが保管していたものである。

　　そうすると、Ｍ名義預金は、本件贈与証に基づく入金が開始された当初から、Ｋが、Ｍの代理人として自らの管理下に置いていたものであり、Ｍが成人に達した以降も、その保管状況を変更しなかったにすぎないというべきである。

　　したがって、Ｍ名義預金は、平成13年の口座開設当初から、Ｍに帰属するものと認められるから、本件相続財産には含まれない。

ハ　原処分庁の主張について

　(イ)　原処分庁は、上記３の(3)の「原処分庁」欄のロのとおり、Ｋは、本件贈与証の具体的内容を理解しておらず、本件被相続人の指示に従いＭ名義口座への入金を行っていたにすぎないとして、これらの入金が、Ｍへ贈与されたものと認識していたとは認められないことを根拠として、平成13年ないし平成24年の各年において本件被相続人とＭとの間で贈与契約が成立していたとは認められない旨主張する。

　　　しかしながら、本件贈与証の内容は、上記１の(3)のハのとおり、毎年○○○○円を贈与するというものであって、その理解が特別困難なものとはいえず、また、上記１の(3)のイの(ニ)のとおり、Ｋは、関連法人の経理担当として勤務していたことを併せ考えると、Ｋが本件贈与証の具体的内容を理解していたとみるべきであり、そのことを前提とすると、Ｋは、自身が手続を行っていた本件被相続人の預金口座からＭ名義口座への資金移動について、本件被相続人からＭへの贈与によるものであると認識していたと認めるのが相当である。

　　　したがって、この点に関する原処分庁の主張には理由がない。

　(ロ)　原処分庁は、上記３の(3)の「原処分庁」欄のハのとおり、Ｍが、成年に達した以降、本件贈与証の内容を把握していたと認められる証拠はないことや、平成30年に銀行印の紛失手続を行ったこと及び本件調査の結果に基づきＭ名義預金を本件相続財産として修正申告したことを根拠として、平成13年ないし平成24年の各年において本件被相続人とＭとの間で贈与契約が成立していたとは認められない旨主張する。

　　　しかしながら、Ｋが、平成13年当時、Ｍの法定代理人として、本件被相続人からの本件贈与証による贈与の申込みを受諾していたと認めるのが相当である

ことは、上記ロの(イ)で述べたとおりである。

したがって、この点に関する原処分庁の主張には理由がない。

(4) 争点4 （請求人に通則法第68条第1項に規定する隠蔽又は仮装の行為及び相続税法第19条の2第5項に規定する隠蔽仮装行為があったか否か。）について

イ 法令解釈

通則法第68条第1項にいう「事実を隠蔽」とは、課税標準等又は税額等の計算の基礎となる事実について、これを隠蔽しあるいは故意に脱漏することをいい、また、「事実を仮装し」とは、所得、財産あるいは取引上の名義等に関し、あたかもそれが真実であるかのように装う等、故意に事実をわい曲することをいうと解するのが相当である。

そして、相続税法第19条の2第5項の規定の趣旨は、被相続人の配偶者が同人の課税価格の計算の基礎となるべき事実について、隠蔽又は仮装という不正手段を用いて過少な申告書を提出していたときは、修正申告又は更正において配偶者に対する相続税額の軽減を計算する上で、当該隠蔽又は仮装の行為に基づく金額に相当する金額を計算の基礎に含まないものとして、一定の行政上の制裁を課すものであるから、当該規定の「隠蔽仮装行為」が、通則法第68条第1項に規定する隠蔽又は仮装の行為と同義であると解される。

ロ 認定事実

請求人提出資料、原処分関係資料並びに当審判所の調査及び審理の結果によれば、次の事実が認められる。

(イ) 本件被相続人名義預金の管理等について

本件被相続人名義預金は、口座開設当時から請求人がその預金通帳を保管するなど、請求人により管理されていた。

(ロ) 本件被相続人名義口座からの出金状況について

平成24年以後、本件被相続人名義口座における解約までの出金状況は、請求人と本件被相続人が居住する住居に係るガス、水道、電話料金等の公共料金や生活協同組合等への支払が口座振替により継続して行われているほかは、別表2の「出金額（円）」欄のとおり、定期預金への振替出金のみである。

(ハ) 本件被相続人名義口座への入金状況について

平成24年以後、本件被相続人名義口座における利息を除く入金状況は、別表

２の「入金額（円)」欄のとおりであり、その詳細については次のとおりである。

　　Ａ　平成28年７月４日入金の1,270,000円は、本件被相続人の親族の死亡に伴い本件被相続人に分割された相続財産であり、請求人は、本件被相続人からその受領手続を任され、本件被相続人名義口座を受取口座に指定した。

　　Ｂ　平成29年１月４日入金の17,400,418円（以下「本件解約金」という。）は、総合口座である本件被相続人名義口座の定期預金（口座番号○○○○）４口を全て解約したものである。

㈡　請求人名義口座の入出金状況について

　　請求人名義口座は、本件解約金の入金後、口座解約までの間、利息以外の入出金はなく、総合口座の定期預金800,000円と併せて解約された。

㈢　請求人の収入とその他預金について

　　請求人の年金及び給与収入は、Ｕ銀行○○支店の請求人名義の普通預金口座（口座番号○○○○）に入金されている。

　　上記預金口座からの出金は、平成24年から本件相続開始日までの間、平成26年７月29日の5,000,000円があるほか、携帯電話の利用料の口座振替と定期預金への振替のみである。

　　なお、請求人は編み物の内職を長年行っていたが、当該内職に係る収支を記録した資料はない。

㈣　本件被相続人名義預金等の存在について

　　請求人は、本件相続に関する手続等の取りまとめを行ったＨから本件被相続人名義の預金に係る通帳の所在を尋ねられた際、請求人（及び本件被相続人）の自宅にはない旨回答した。

　　また、請求人は、本件調査の直前まで、本件税理士及び本件子らに本件被相続人名義預金及び請求人名義預金の存在を伝えていなかった。

　　なお、請求人は、請求人名義口座を解約した際、本件被相続人名義預金の通帳を請求人名義預金の通帳とともに廃棄した。

ハ　検討

㈠　請求人の認識について

　　本件被相続人名義口座は、上記ロの㈠のとおり、口座開設時以降、請求人が

管理し、上記ロの(ロ)のとおり、請求人と本件被相続人が居住する自宅に係る公共料金など生活費の振替口座として使用されていた。

　そして、請求人は、上記ロの(ハ)のＡのとおり、本件被相続人から、本件被相続人に分割された相続財産（本件被相続人固有の財産）の受領手続を任され、その受領のために本件被相続人名義口座を使用した。

　また、本件被相続人名義口座には、上記ロの(ニ)のとおり、本件被相続人名義の定期預金からの振替入金がある。

　さらに、本件被相続人名義口座には、上記ロの(ハ)及び(ホ)のとおり、請求人固有の年金や給与収入の入金はなく、また、別表２の各現金入金の中に請求人が主張する内職収入などによる請求人固有の財産が含まれていることを示す証拠もない。

　これらの事実からすると、請求人は、本件被相続人名義預金の原資が全て本件被相続人に帰属するものであったことを了知していたものと認められる。

　そうすると、請求人は、本件被相続人の相続が開始した場合において、本件金員２が本件相続財産になることを認識し得る状況にあったと認められる。

(ロ)　隠蔽又は仮装の行為の有無について

　請求人は、上記(イ)のとおり、本件被相続人名義預金の原資が本件被相続人に帰属するものであることを了知し、本件被相続人の相続が開始した場合において、本件金員２が本件相続財産になることを十分に認識し得る状況にあったと認められるところ、本件相続開始日の〇日前に本件被相続人名義の定期預金４口を全て解約し、同日付で本件解約金を本件被相続人名義口座に入金した後（上記ロの(ハ)のＢ）、同日付で本件被相続人名義口座を解約し、本件金員２を請求人名義口座に入金したものの（上記１の(3)のホ）、本件子ら及び本件税理士にこれらの存在を一切知らせず（上記ロの(ヘ)）、本件相続に係る遺産分割協議の対象にさせていない（上記１の(3)のヘ）。

　そして、本件相続に係る遺産分割協議の後、本件申告書の提出前に請求人名義口座も解約し（上記１の(3)のホ）、さらに本件被相続人名義預金及び請求人名義預金の各通帳をいずれも廃棄している（上記ロの(ヘ)）。

　以上によれば、請求人は、本件金員２を構成する本件被相続人名義預金が本件相続財産となるとの認識の下、本件被相続人名義口座を解約するとともに遺

産分割の対象とさせないことを意図し、他の相続人や本件税理士にあえてその存在を知らせずに、相続財産の存在の証となる預金通帳を廃棄するなどにより、隠匿したとみるのが相当である。

そして、これらの行為は、課税標準等又は税額等の計算の基礎となる事実について、これを隠蔽し、あるいは故意に脱漏するものということができる。

したがって、請求人には、通則法第68条第1項に規定する隠蔽の行為及び相続税法第19条の2第5項に規定する隠蔽仮装行為のいずれにも該当する行為があったと認められる。

ニ 請求人の主張について

請求人は、上記3の(4)の「請求人」欄のとおり、本件被相続人名義預金が自らの財産であるとの認識に基づき、本件金員2を請求人名義口座へ移し替えたにすぎず、本件調査の初日には自発的に本件被相続人名義預金の存在を明らかにしているから、隠蔽又は仮装の行為はない旨を主張する。

しかしながら、請求人に本件申告書の提出前に隠蔽行為があったと認められることは上記ハで述べたとおりであり、請求人は、当該隠蔽したところに基づき本件申告書を提出しているから、本件調査時に本件被相続人名義預金の存在を明らかにしたとしても、当該請求人の行為のみによって、当該隠蔽行為があったとの認定は左右されない。

したがって、この点に関する請求人の主張には理由がない。

(5) 原処分の適法性について

イ 本件各更正処分について

上記(1)ないし(3)のとおり、本件現金は、本件相続財産に含まれ、本件金員1は、平成27年に贈与されたものであるから相続開始前3年以内の贈与として相続税法第19条第1項の規定により課税価格に加算すべきである一方、M名義預金は、本件相続財産には該当しない。また、上記(4)のとおり、請求人が本件金員2を本件相続財産に含めていなかったことにつき、相続税法第19条の2第5項に規定する隠蔽仮装行為に該当する行為が認められる。

これらに基づき、当審判所において、請求人の本件相続税の課税価格及び納付すべき税額を計算すると、別表3の「審判所認定額B」欄のとおりとなる。そうすると、当該請求人の納付すべき税額○○○○円は、本件更正処分2の額を下回

ることとなるから、本件各更正処分は、その一部を別紙の「取消額等計算書」の
とおり取り消すべきである。

なお、本件各更正処分のその他の部分については、請求人は争わず、当審判所
に提出された証拠資料等によってもこれを不相当とする理由は認められない。

ロ　本件各賦課決定処分について

(イ)　重加算税の額について

上記(4)のとおり、請求人には通則法第68条第1項に規定する隠蔽の行為及び
相続税法第19条の2第5項に規定する隠蔽仮装行為のいずれにも該当する行為
が認められ、原処分関係資料及び当審判所の調査の結果によれば、その他の重
加算税の賦課要件にも欠けるところはない。一方、上記イのとおり、請求人に
対する本件各更正処分は、その一部を取り消すべきである。

そして、これらに基づき、当審判所において、重加算税の計算の基礎となる
べき税額を計算すると、別表4の⑮欄のとおり○○○○円となり、通則法第68
条第1項の規定に基づき重加算税の額を計算すると○○○○円となる。

そうすると、上記請求人の重加算税の額○○○○円は、本件賦課決定処分1
－2及び本件賦課決定処分2－2（本件変更決定処分2－2により減額された
後のもの。）の合計額○○○○円を上回ることとなる。

(ロ)　過少申告加算税の額について

請求人の本件相続税の納付すべき税額は、上記イのとおりとなり、また、重
加算税の額は上記(イ)のとおりとなり、Hが本件相続の開始前3年以内に本件被
相続人から贈与を受けた本件金員1の申告漏れに係る部分を除き、通則法第65
条第4項に規定する正当な理由があるとは認められないところ、これらに基づ
き、当審判所において、過少申告加算税の計算の基礎となるべき税額を計算す
ると別表4の⑯欄のとおり○○○○円となる。

そして、請求人の過少申告加算税の額を通則法第65条第1項及び第2項の規
定に基づき計算すると○○○○円となる。

(ハ)　本件各賦課決定処分の適法性について

本件各賦課決定処分の合計額○○○○円が、上記(イ)及び(ロ)の課されるべき加
算税の合計額○○○○円を超えているから、本件各賦課決定処分は、別紙の
「取消額等計算書」のとおり取り消すべきである。

(6) 本件変更決定処分2-1及び本件変更決定処分2-2に対する審査請求について

　　通則法第75条《国税に関する処分についての不服申立て》第1項に規定する不服申立ての対象となる処分は、不服申立人の権利又は利益を侵害するものでなければならず、その処分が権利又は利益を侵害する処分であるか否かについては、当該処分により納付すべき税額の総額が増額したか否かにより判断すべきであるところ、本件変更決定処分2-1及び本件変更決定処分2-2は、いずれも請求人の納付すべき過少申告加算税の額及び重加算税の額を減額する処分であるから、請求人の権利又は利益を侵害するものとはいえない。

　　したがって、本件変更決定処分2-1及び本件変更決定処分2-2の取消しを求める利益はなく、当該各処分に対する審査請求は、いずれも請求の利益を欠く不適法なものである。

(7) 結論

　　よって、審査請求には理由があるから、原処分の一部を取り消すこととする。

別表1　審査請求に至る経緯（省略）

別表2　本件被相続人名義口座の入出金状況（省略）

別表3　課税価格及び納付すべき税額等（審判所認定額）（省略）

別表3付表　未分割財産の取得割合等（審判所認定割合等）（省略）

別表4　加算税の基礎となる税額（審判所認定額）（省略）

別紙　取消額等計算書（省略）

事例3 （相続税の課税財産の認定　預貯金等　預貯金）

被相続人が毎年一定額を入金していた未成年の子名義の預金口座に係る預金は相続財産に含まれないと認定した事例（①平成29年1月相続開始に係る相続税の更正処分及び更正の請求に対する更正処分、②平成29年1月相続開始に係る相続税の過少申告加算税の賦課決定処分、③平成27年分の贈与税の決定処分及び無申告加算税の賦課決定処分並びに平成29年1月相続開始に係る相続税の修正申告に基づく過少申告加算税の賦課決定処分、④平成29年1月相続開始に係る相続税の過少申告加算税の変更決定処分・①一部取消し、②一部取消し、③棄却、④却下・令和3年9月17日裁決）

《ポイント》

　本事例は、被相続人が、毎年一定の金額を当時未成年であった嫡出でない子（長女）に贈与する旨を記した贈与証を作成した上で、長女の唯一の法定代理人である母を介し、長女名義の普通預金口座に毎年入金していたことにつき、当該母が、その贈与証に基づく贈与を受諾し、入金していたものであるから、当該口座に係る預金は長女に帰属する財産であり、相続財産には含まれないと認定したものである。

《要旨》

　原処分庁は、請求人の亡父（被相続人）が、毎年一定の金額を当時未成年であった被相続人の嫡出でない子（長女）に贈与する旨を記した贈与証（本件贈与証）を作成した上で、長女の母を介し、長女名義の普通預金口座（本件預金口座）に平成13年から平成24年までの間、毎年入金していたことについて、長女の母は、本件贈与証の具体的内容を理解しておらず、被相続人の指示に従い本件預金口座に入金していたにすぎず、当該入金が長女へ贈与されたものとは認識していないから、被相続人から長女への贈与は成立しておらず、本件預金口座に係る預金は被相続人の相続財産に含まれる旨主張する。

　しかしながら、本件贈与証の内容は、その理解が特別困難なものとはいえない上、長女の母は、本件贈与証を預かるとともに、被相続人の依頼により本件預金口座へ毎年入金し、本件預金口座の通帳等を口座開設当時から管理していたことからすれば、平成13年当時、長女の唯一の親権者であった長女の母は、長女の法定代理人として、本件贈与証による贈与の申込みを受諾し、その履行として本件預金口座へ毎年入金していたと認

めるのが相当であり、また、本件預金口座には、利息を除き、毎年の入金以外に入金は
ないから、本件預金口座に係る預金は、平成13年の口座開設当初から長女に帰属するも
のであって、相続財産には含まれない。

（令和3年9月17日裁決）

《裁決書（抄）》

1 事　実

(1) 事案の概要

　　本件は、審査請求人（以下「請求人」という。）が、①原処分庁所属の調査担当職員による調査を受けて相続税の修正申告をしたところ、原処分庁が、当該修正申告では被相続人が保管していた現金及び請求人が相続開始前3年以内に贈与を受けた財産が申告漏れであったとして、相続税に係る更正処分等及び贈与税に係る決定処分等を行ったこと、また、②当該修正申告では他の相続人2名に相続開始日の3年より前に贈与された財産が相続財産とされており、納付すべき相続税額が過大であったとして更正の請求をしたところ、原処分庁が、請求の一部のみを認容した減額更正処分等を行ったことに対し、請求人が、原処分庁の認定には誤りがあるなどとして、これらの原処分の一部の取消しを求めた事案である。

(2) 関係法令

　イ　相続税法（平成29年法律第4号による改正前のもの。以下同じ。）第1条の4《贈与税の納税義務者》第1項第1号は、贈与により財産を取得した個人で、当該財産を取得した時においてこの法律の施行地に住所を有するものは、贈与税を納める義務がある旨規定している。

　ロ　相続税法第19条《相続開始前3年以内に贈与があった場合の相続税額》第1項は、相続又は遺贈により財産を取得した者が当該相続の開始前3年以内に当該相続に係る被相続人から贈与により財産を取得したことがある場合においては、その者については、当該贈与により取得した財産の価額を相続税の課税価格に加算した価額を相続税の課税価格とみなし、同法第15条から第18条までの規定を適用して算出した金額をもって、その納付すべき相続税額とする旨規定している。

　ハ　民法（平成29年6月2日法律第44号による改正前のもの。）第549条《贈与》は、贈与は、当事者の一方が自己の財産を無償で相手方に与える意思を表示し、相手方が受諾をすることによって、その効力を生ずる旨規定している。

　　同法第550条《書面によらない贈与の撤回》は、書面によらない贈与は、各当事者が撤回することができるが、履行の終わった部分については、この限りでない旨規定している。

(3) 基礎事実

　　当審判所の調査及び審理の結果によれば、次の事実が認められる。

　イ　被相続人及び相続人等について

　　㋑　G（以下「本件被相続人」という。）は、平成29年1月○日（以下「本件相
　　　続開始日」という。）に死亡し、その相続（以下「本件相続」という。）が開始
　　　した。

　　㋺　本件相続に係る共同相続人は、本件被相続人の妻であるH、本件被相続人と
　　　Hの子である請求人及びJ、並びに本件被相続人とKの子であるL及びMの5
　　　名（以下、本件被相続人の子4名を併せて「本件子ら」といい、Hと本件子ら
　　　を併せて「相続人ら」という。）である。

　　　　なお、本件被相続人は、平成27年4月2日、L及びMを認知した。

　　㋩　本件被相続人は、N社及びP社の代表取締役並びに社会福祉法人Qの財務担
　　　当の理事を務めるとともに、平成27年5月のJへの役員変更までは、R社の代
　　　表取締役を務めていた。

　　㋥　Kは、S社の代表取締役を務めるとともに、上記㋩のN社ほか3法人及びS
　　　社（以下、これらの5法人を併せて「関連法人」という。）の経理事務を担当
　　　していた。

　　㋭　請求人は、平成29年1月22日、N社の代表取締役に就任した。

　ロ　現金の発見について

　　　請求人は、平成29年秋頃、N社の事務室内に並べて置かれた2つの金庫のうち、
　　小さい方の金庫（以下、この金庫を「本件金庫」といい、もう一方の金庫を「本
　　件大金庫」という。）に保管されていた現金○○○○円（以下「本件現金」とい
　　う。）を発見した。

　ハ　「贈与証」と題する書面について

　　　本件被相続人は、生前、平成13年8月吉日付の「贈与証」と題する書面（以下
　　「本件贈与証」という。）を作成した。本件贈与証には、「私は、平成拾参年度よ
　　り以後、毎年八月中に左記の四名の者に金、○○○○円也を各々に贈与する。但
　　し、法律により贈与額が変動した場合は、この金額を見直す。」と記載されてお
　　り、本件子らの住所及び氏名が記載された上、本件被相続人の署名押印がされて
　　いた。

なお、本件贈与証には、本件子らの署名押印はいずれもなかった。

　ニ　本件子ら名義の普通預金口座について

　　(イ)　Kは、平成13年8月10日、本件被相続人の依頼により、T銀行○○支店において、次のとおりの各普通預金口座（以下、これらの普通預金口座を併せて「本件子ら名義口座」という。）を開設した。

　　　A　請求人名義の普通預金口座（口座番号○○○○。以下「請求人名義口座」といい、請求人名義口座に係る預金を「請求人名義預金」という。）

　　　B　J名義の普通預金口座（口座番号○○○○。以下、当該口座に係る預金を「J名義預金」という。）

　　　C　L名義の普通預金口座（口座番号○○○○。以下、当該口座に係る預金を「L名義預金」という。）

　　　D　M名義の普通預金口座（口座番号○○○○。以下「M名義口座」といい、M名義口座に係る預金を「M名義預金」という。）

　　(ロ)　Kは、平成13年ないし平成24年の各年に一度、本件被相続人から依頼され、U銀行○○支店の本件被相続人名義の普通預金口座（口座番号○○○○）又は同行○○出張所の同人名義の普通預金口座（口座番号○○○○）から現金○○○○円を出金し、本件子ら名義口座にそれぞれ○○○○円を入金した。

　　　　なお、本件子ら名義口座への各年の入金日は、平成13年8月10日、平成14年5月13日、平成15年6月25日、平成16年11月9日、平成17年11月16日、平成18年8月4日、平成19年6月15日、平成20年8月12日、平成21年6月25日、平成22年5月28日、平成23年8月8日、平成24年6月28日であった。

　　(ハ)　Kは、平成27年6月1日、本件被相続人の依頼により、請求人名義預金の残高○○○○円の全額を現金で払い出し、請求人名義預金の通帳とともに本件被相続人に引き渡した（以下、この払い出した金員を「本件金員」という。）。

　　　　また、本件被相続人は、平成27年8月、N社の事務所において、本件金員とともに請求人名義預金の通帳を請求人に対して手渡した。

　　(ニ)　L名義預金は、平成28年2月24日に当該預金に係る口座から○○○○円が出金されており、本件相続開始日時点の残高は○○○○円であった。

　　　　また、J名義預金及びM名義預金の本件相続開始日時点の残高は、いずれも○○○○円であった。

(4) 審査請求に至る経緯

イ　請求人は、本件相続に係る相続税（以下「本件相続税」という。）の申告書の
作成をＶ税理士（以下「本件税理士」という。）に依頼し、別表１の「申告」欄
のとおり記載した相続税の申告書（以下「本件申告書」という。）を他の相続人
らとともに法定申告期限までに提出した。

なお、本件申告書において、本件現金、Ｊ名義預金、Ｌ名義預金、Ｍ名義預金
及び本件金員は、いずれも本件相続税の課税価格の計算の基礎となる財産に含ま
れていない。

ロ　請求人は、原処分庁所属の調査担当職員（以下「調査担当者」という。）によ
る調査（以下「本件調査」という。）を受け、令和２年６月９日、Ｊ名義預金及
びＭ名義預金は本件相続に係る相続財産（以下「本件相続財産」という。）であ
り、Ｌ名義預金についても、Ｌが本件被相続人から相続開始前３年以内に贈与さ
れたものであったなどとして、これらを反映した別表１の「修正申告」欄のとお
り記載した修正申告書（以下「本件修正申告書」という。）を原処分庁に提出し
た。

ハ　原処分庁は、本件修正申告書に基づき、令和２年６月30日付で、別表１の「賦
課決定処分」欄のとおり、過少申告加算税の賦課決定処分（以下「本件賦課決定
処分１」という。）をした。

ニ　併せて、原処分庁は、令和２年６月30日付で、本件修正申告書においては、本
件現金が本件相続財産に含まれておらず、本件金員が本件相続の開始前３年以内
に請求人に贈与されたものであることが反映されていないとして、別表１の「更
正処分等」欄のとおり、相続税の更正処分（以下「本件更正処分１」という。）
及び過少申告加算税の賦課決定処分をするとともに、請求人が本件金員の贈与に
つき平成27年分の贈与税の申告をしていないことから、別表２の「決定処分等」
欄のとおり、平成27年分の贈与税の決定処分及び無申告加算税の賦課決定処分
（以下順に、「本件贈与税決定処分」及び「本件贈与税賦課決定処分」という。）
をした。

ホ　請求人は、上記ハ及びニの各処分に不服があるとして、令和２年９月29日に審
査請求をした。

ヘ　請求人は、令和２年10月15日、原処分庁に対し、Ｌ名義預金及びＭ名義預金に

ついては、いずれも本件相続開始日の３年より前に贈与されたものであったとして、本件相続税について別表１の「更正の請求」欄のとおりとすべき旨の更正の請求をした。

　　これに対し、原処分庁は、令和３年１月８日付で、Ｌ名義預金に係る部分については更正の請求を認め、Ｍ名義預金に係る部分については更正の請求に理由がないとして、別表１の「更正処分等（減額）」欄のとおり、減額更正処分（以下「本件更正処分２」といい、本件更正処分１及び本件更正処分２を併せて「本件各更正処分」という。）をし、これに伴う過少申告加算税の変更決定処分（以下「本件変更決定処分」といい、本件変更決定処分後の上記ニの賦課決定処分を「本件賦課決定処分２」という。また、本件賦課決定処分１及び本件賦課決定処分２を併せて「本件各賦課決定処分」という。）をした。

ト　請求人は、令和３年２月18日、上記ホの各処分に不服があるとして審査請求をした。

チ　上記ホ及びトの各審査請求について、国税通則法（以下「通則法」という。）第104条《併合審理等》第１項の規定に基づき併合審理する。

2　争　点

(1)　本件現金は、本件相続財産に含まれるか否か（争点１）。

(2)　本件被相続人から請求人に対し請求人名義口座に係る財産が贈与された時期はいつか（争点２）。

(3)　Ｍ名義預金は、本件相続財産に含まれるか否か（具体的には、Ｍ名義預金は本件被相続人とＭのいずれに帰属するものか。）（争点３）。

3　争点についての主張

(1)　争点１（本件現金は、本件相続財産に含まれるか否か。）について

原処分庁	請求人
以下のとおり、本件現金は、本件被相続人が管理していたものであり、本件被相続人に帰属する財産であるから本件相続財産を構成する。	以下のとおり、本件現金が本件被相続人の財産であるとの認定はできないから、本件相続財産に含めることはできない。
イ　本件現金が保管されていた本件金庫	イ　本件被相続人が本件現金を保管・管

の鍵は、本件被相続人がX病院に入院するまでは本件被相続人が、本件被相続人が入院してからはKが、本件相続開始日以降は請求人がそれぞれ管理していた。

そして、本件現金は、請求人のN社代表取締役就任後にその存在が発覚したものであるが、請求人及びKは、本件現金の原資について把握していなかった。

そうすると、本件金庫に本件現金を保管していたのは、請求人及びKではなく、本件金庫の鍵を保管していた本件被相続人であったと認められる。

ロ そして、本件現金は、本件被相続人の個人的な預金通帳等とともに本件金庫内に保管されていた一方で、関連法人の経理を担当していたKが、本件調査において調査担当者に対し、「本件現金は会社のものではない」旨申述していることからすると、本件現金は少なくとも関連法人のものではないと認められる。

ハ 上記のことに加え、本件被相続人は、平成28年6月27日に、S社から返済を受けた〇〇〇〇円のうち、〇〇〇〇円をKに贈与しており、残額の〇〇〇〇円と本件現金の額が一致することからすれば、上記返済金の一部が本件

理していたとしても、このことをもって、本件現金が本件相続財産であると決めつけることはできない。

ロ また、本件金庫は、N社の所有物として同社の使用済の預金通帳を保管するなど、同社の金庫としての機能を中心に利用されており、本件被相続人の個人的な預金通帳が本件金庫の隅に混在していたにすぎず、本件被相続人の個人的な預金通帳等を保管するために存在していたものではないから、本件現金が本件相続財産であると認定することはできない。

ハ さらに、Kは、本件被相続人の全ての行動、取引内容を網羅的に把握できるだけの強力な立場や権限を有していないから、本件調査における「本件現金は私の知る限り会社のものではない」旨のKの申述をもって、本件現金が関連法人のものではないと認定することはできない。

現金の原資と推認される。	

(2) 争点2（本件被相続人から請求人に対し請求人名義口座に係る財産が贈与された時期はいつか。）について

原処分庁	請求人
以下のとおり、請求人名義口座を用いた本件被相続人から請求人への贈与（以下「本件贈与」という。）について、請求人と本件被相続人の間で、本件贈与証による贈与は成立しておらず、請求人が本件贈与により財産を取得した時期は、本件被相続人から本件金員を受領した平成27年である。	以下のとおり、本件贈与証が作成される過程において、本件被相続人と請求人との間で、包括的に書面による贈与が成立しており、平成13年ないし平成24年の各年において、その受諾及び履行がされているから、請求人は、各年において請求人名義口座に係る財産を取得している。
イ　贈与の態様について	イ　贈与の態様について
書面による贈与が成立したと認められるためには、その前提として贈与者と受贈者の合意が求められ、その上で贈与者の意思表示が書面によりされていることが必要となる。	本件贈与証による贈与は、民法第550条の書面の解釈からすれば、書面による贈与であり、贈与の時期は、贈与契約の効力が発生した時である。
よって、いかに贈与者の意思表示が書面により確認されたとしても、請求人が、本件贈与証に対する受諾の意思表示をしていたと認められる証拠がなく、本件贈与証による当事者間における贈与の意思の合致が認められない場合には、本件被相続人と請求人の間で書面による贈与契約は成立していないことになるから、本件贈与は、書面によらない贈与となる。	

ロ　本件贈与証による贈与の成立につい
　て

　(イ)　請求人が本件贈与証の存在及びそ
　　の具体的な内容を知ったのは本件相
　　続開始日以降であり、それ以前に贈
　　与の目的物や履行の時期を了知して
　　いたと認められる証拠はなく、本件
　　贈与証に対する受贈の意思表示をし
　　ていたとは認められない。

　(ロ)　また、贈与契約が成立した場合、
　　受贈者は取得した財産を自由に管理
　　及び処分できるはずであるが、請求
　　人名義預金は、平成27年に預金通帳
　　とともに本件金員が請求人へ渡され
　　るまで本件被相続人が管理してお
　　り、請求人名義預金を自由に処分で
　　きるのは本件被相続人のみであっ
　　た。そして、請求人は、本件贈与を
　　受諾していたと申述する一方、請求
　　人名義預金の管理運用に関心を何ら
　　示さず、請求人名義預金の詳細や本
　　件贈与証に基づく贈与が履行されて
　　いるか否かを預金通帳で確認すらで
　　きない状態にあった。

　(ハ)　これらの客観的事実からしても、
　　本件被相続人と請求人との間で本件
　　贈与証による贈与が成立していたと
　　は認められない。

　(ニ)　なお、本件調査において、請求人

ロ　本件贈与証による贈与の成立につい
　て

　(イ)　本件被相続人は、暦年贈与を平成
　　13年8月から開始することを決意
　　し、その旨を請求人に口頭で申し出
　　て、その贈与意思の証拠として本件
　　贈与証を作成し、平成13年ないし平
　　成24年の間、毎年贈与を履行した。

　(ロ)　また、請求人名義口座は、請求人
　　の依頼により本件被相続人が開設
　　し、その預金通帳及び銀行印も本件
　　被相続人に預託されていたものであ
　　り、本件被相続人は、毎年、○○○
　　○円を請求人名義口座に入金する都
　　度、贈与する旨を請求人に通知し、
　　請求人はこれを受諾していた。

　(ハ)　したがって、平成13年から平成24
　　年の間、本件贈与証による暦年贈与
　　が成立していた。

　(ニ)　なお、請求人は、本件調査時か
　　ら、本件相続とは関係がないと思っ
　　ていたから本件贈与について調査担
　　当者に伝えなかった旨を申述してお
　　り、請求人の申述等は、本審査請求
　　の展開に合わせて変遷又は新たにな
　　されたものでなく、当初から一貫し
　　ており、不自然なものでもない。

は、本件被相続人から贈与を受けたことはない旨申述しており、本件贈与証による贈与について電話で本件被相続人からの贈与意思を聞き、その都度受諾していた旨のその後の申述等は、本審査請求の展開に合わせて変遷又は新たになされている不自然なものであるから信用することはできない。	
ハ　本件贈与の成立時期について 　　上記ロのとおり、平成13年ないし平成24年の期間において、本件被相続人と請求人との間で本件贈与証による贈与が成立していたとは認められない。 　　一方、請求人は、平成27年に本件金員及び請求人名義預金の通帳の交付を受けており、これにより具体的な本件贈与の事実を把握するとともに、受贈の意思表示をしたものと認められるから、本件贈与は、平成27年に成立したものである。	ハ　本件贈与の成立時期について 　　上記ロのとおり、本件贈与証の作成により書面による贈与が包括的に成立し、その後、毎年請求人名義口座に入金される都度、その書面による贈与が具体的に確定しているから、平成13年ないし平成24年の各年において、請求人に対する暦年贈与が成立し、その履行も終えていた。

(3)　争点3（M名義預金は、本件相続財産に含まれるか否か（具体的には、M名義預金は本件被相続人とMのいずれに帰属するものか。）。）について

請求人	原処分庁
以下のとおり、平成13年ないし平成24年の各年において、本件被相続人からMへの本件贈与証による贈与が成立しているから、M名義預金は本件相続財産に含	以下のとおり、平成13年ないし平成24年の各年において、本件被相続人とMの間で贈与契約が成立していたとは認められず、MがM名義預金の通帳を実際に取

まれない。

なお、Kは、平成27年8月頃に、Mに対し、M名義預金の通帳及び銀行印を渡している。

イ　贈与の態様について

本件贈与証による贈与は、民法第550条の書面の解釈からすれば、書面による贈与であり、贈与の時期は、贈与契約の効力の発生した時である。

ロ　本件贈与証による贈与の成立について（平成13年ないし平成○年）

(イ)　Mは、本件贈与証が作成された平成13年8月当時は未成年者であり、本件被相続人に認知された平成27年4月2日まではKが唯一の親権者として財産管理権を有していた。

(ロ)　そして、Kは、本件贈与証の作成当時に本件被相続人から本件贈与証を見せられ、その贈与を受諾した。

(ハ)　その後、Kは、本件贈与証に基づく贈与の履行補助者として、毎年、本件被相続人に命じられ、本件子ら名義口座へそれぞれ○○○○円の入

得した時期は平成30年と認められるから、M名義預金は、本件相続開始日時点において、本件被相続人に帰属し、本件相続財産に含まれる。

イ　贈与の態様について

書面による贈与が成立したと認められるためには、その前提として贈与者と受贈者の合意が求められ、その上で贈与者の意思表示が書面によりされていることが必要となる。

よって、いかに贈与者の意思表示が書面により確認されたとしても、当事者間における贈与の意思の合致が認められない場合は、贈与契約自体が成立しないこととなる。

ロ　本件贈与証による贈与の成立について（平成13年ないし平成○年）

(イ)　Kは、本件被相続人の指示に基づきM名義口座への入金を行っていただけであった旨申述しており、M名義預金の通帳をMに渡す際には、本件被相続人がMのために積み立てていた金員である旨を説明していたことが認められることからすると、本件贈与証の存在を認識していたものの、その具体的内容を理解していなかった。

(ロ)　そうすると、Kは、自身が行っていたM名義口座への入金が、Mへ贈

— 79 —

金を行うとともに、Mの親権者として各年の贈与を受諾していた。

(ニ) そうすると、平成13年ないし平成〇年の各年において本件贈与証による贈与が成立していた。

ハ 本件贈与証による贈与の成立について（平成〇年ないし平成24年）

(イ) Kは、Mが成年に達した頃に、毎年本件被相続人から贈与を受けていることを伝えた上で、当時、学生であったMの事務受託者としてM名義預金の通帳及び銀行印を保管していた。

(ロ) Mが成年に達した後も、Kを履行補助者としてM名義口座に〇〇〇〇円が入金されており、本件贈与証による意思表示を起点として一連の贈与が履行されていた。

(ハ) したがって、履行により贈与が取消しできない状態となっており、Mの成年後も上記ロと同様に本件贈与証による贈与が成立している。

与されていたものであると認識していたとは認められず、本件被相続人の指示に従い本件子ら名義口座へ各〇〇〇〇円の資金移動を行っていたにすぎない。

(ハ) したがって、Kが、Mが未成年者であった期間において、本件被相続人からMへの贈与を受諾していたとは認められず、本件贈与証による贈与は成立していない。

ハ 本件贈与証による贈与の成立について（平成〇年ないし平成24年）

(イ) Mが成年に達した以降、Mが本件贈与証の内容を把握していたと認められる証拠はない。

(ロ) そして、Mは、①平成30年にM名義預金に係る銀行印の紛失届の手続を行い、②本件調査の結果に基づきM名義預金を本件相続財産として記載した修正申告をしたことからすると、Mが、M名義預金の通帳を実際に取得したのは平成30年であったと認められる。

(ハ) したがって、Mの成年後も本件贈与証による贈与が成立していたとは認められない。

4 当審判所の判断

(1) 争点1（本件現金は、本件相続財産に含まれるか否か。）について

ロ　認定事実

　　請求人提出資料、原処分関係資料並びに当審判所の調査及び審理の結果によれ
ば、次の事実が認められる。

(イ)　本件金庫の鍵の管理は、本件被相続人が平成28年8月4日にX病院へ入院す
　るまでは本件被相続人が、その後平成29年3月中旬に請求人の妻がN社に着任
　するまではKが、請求人の妻のN社着任後は請求人の妻が行っていた。

　　なお、請求人が平成29年1月にN社の代表取締役に就任した後は、請求人が
　本件金庫の使用の許可を行い、金庫の開閉等を請求人の妻及びKに指示してい
　た。

(ロ)　本件金庫には、請求人が本件現金を発見した当時、本件現金のほか、関連法
　人及び本件被相続人の使用済の預金通帳が保管されていた。

(ハ)　本件大金庫には、関連法人の業務において日常的に必要とされる現金、預金
　通帳、印章及び契約書類などが保管されていた。

　　なお、本件申告書に記載された財産のうち、有価証券に係る書類や使用中の
　預金通帳は、本件相続開始日時点において、本件被相続人の自宅には保管され
　ておらず、全て本件大金庫に保管されていた。

(ニ)　請求人は、本件現金を発見するまで、その存在を知らず、Kも本件金庫に本
　件現金が保管されていることを知らなかった。

(ホ)　本件被相続人は、平成28年6月27日、N社の事務所内において、S社に対す
　る貸付金の返済として、Kから現金○○○○円（以下「本件返済金」という。）
　を受領した。

　　また、Kは、平成28年7月初旬、本件被相続人から現金○○○○円の贈与を
　受けた。

(ヘ)　調査担当者は、本件調査において、本件税理士に対し、本件返済金について
　照会したところ、令和元年8月26日、本件税理士を通じ、本件被相続人がKに
　○○○○円を贈与した事実と併せて、本件現金の存在を了知した。

　　なお、調査担当者は、令和元年10月4日、Kから、本件現金は本件返済金の
　一部（本件返済金のうち、本件被相続人がKに贈与した分を控除した残額）か
　もしれないと本件税理士に説明した旨の申述を得た。

(ト)　本件現金は、令和2年5月8日、N社の会計帳簿の預り金勘定に計上された。

なお、同日以前において、関連法人のいずれの会計帳簿にも本件現金の計上は
なかった。

ロ　検討

(イ)　本件現金の保管・管理状況について

　　本件金庫の鍵は、上記イの(イ)のとおり管理され、本件金庫の開閉ができる者
は限られており、また、請求人がN社の代表取締役に就任してからは、請求人
の許可なしに本件金庫を使用できなかったことからすると、本件金庫に本件現
金を保管することができたのは、それ以前に鍵を管理していた本件被相続人又
はKであったと認められる。

　　そして、上記イの(ニ)のとおり、Kは、請求人が本件現金を発見するまで本件
金庫に本件現金が保管されていることを知らなかった。

　　そうすると、本件現金を本件金庫に保管し、管理していたのは、本件被相続
人であったと認められる。

(ロ)　本件金庫及び本件大金庫の使用状況について

　　上記イの(ロ)及び(ハ)のとおり、本件金庫には、関連法人及び本件被相続人の使
用済の預金通帳が保管されており、本件大金庫には、関連法人の業務に係る預
金通帳、書類等のほか、本件被相続人の個人的な預金通帳等が保管されていた。

　　そうすると、本件被相続人は、関連法人の財産とともに個人的な財産を保管
するため、本件金庫及び本件大金庫の双方を使用していたものと認められる。

(ハ)　本件現金の発見の経緯と関連法人の状況について

　　本件現金は、上記1の(3)のロのとおり、平成29年の秋頃、N社の事務室内に
設置されていた本件金庫内から請求人が発見したものであるところ、上記イの
(ト)のとおり、令和2年5月8日にN社の会計帳簿の預り金勘定に計上されるま
で、N社を含む関連法人のいずれの会計帳簿にも計上されていない。そして、
関連法人の経理担当者であったKは、上記イの(ニ)のとおり、請求人が本件現金
を発見するまで、本件現金が本件金庫に保管されていたことは知らず、また、
上記イの(ホ)及び(ヘ)のとおり、本件調査において、本件現金は、本件返済金のう
ち、本件被相続人がKに贈与した分を控除した残額である可能性を示唆しても
いる。

　　この点、一般に、会計帳簿には対象時点又は対象期間における資産負債や損

益の状況を正確に示すことが求められているところ、本件現金が関連法人のいずれかの資産であることを裏付ける資料は見当たらないばかりか、関連法人のいずれにも簿外資産や使途不明金の存在をうかがわせる事情は見当たらず、関連法人の経理を担当するKにも本件現金が関連法人に帰属するとの認識はなかった。

そうすると、本件現金の発見以前において、本件現金が関連法人の会計帳簿に資産計上されていなかった点については、関連法人の資産状況等が正しく記帳されているものと認めるのが相当である。

なお、上記イの(ト)のとおり、本件調査後の令和2年5月8日に、N社の会計帳簿の預り金勘定に本件現金が計上されてはいるものの、これは、本件調査において、調査担当者の指摘を受け、本件現金の帰属が問題となることを認識した後に行われたものであるから、当該預り金勘定に本件現金が計上されたことは、上記認定を左右しない。

したがって、本件現金は、関連法人のいずれかに帰属するものとは認められない。

(ニ) まとめ

以上のとおり、本件現金が関連法人のいずれかに帰属するものであるとは認められないところ、本件現金を本件金庫に保管し、管理していたのが本件被相続人自身であり、本件被相続人が本件金庫及び本件大金庫に本件被相続人の個人的な財産についても保管していたことに加え、本件現金について、本件被相続人が他から預託を受けて保管していた金員であることをうかがわせる事情も見当たらないことに照らせば、本件現金は、本件被相続人が本件被相続人名義の預金通帳とともに本件金庫内に保管していた自らの固有財産と認めるのが相当である。

したがって、本件現金は本件被相続人に帰属するものであり、本件相続財産に含まれると認めるのが相当である。

ハ 請求人の主張について

(イ) 請求人は、上記3の(1)の「請求人」欄のイのとおり、本件被相続人が本件現金を保管・管理していたことをもって、本件現金を本件相続財産とすることはできない旨主張する。

しかしながら、本件現金が本件相続財産に含まれると判断されることは上記ロのとおりであり、本件被相続人が本件現金を保管・管理していたことのみをもって判断したものではないから、この点に関する請求人の主張には理由がない。

(ロ) 請求人は、上記3の(1)の「請求人」欄のロのとおり、本件金庫は、N社の所有物であり、同社の金庫としての機能を中心として利用されていたものであり、本件被相続人の個人的な預金通帳等を保管するために存在していたものではないから、本件現金を本件相続財産とすることはできない旨主張する。

しかしながら、本件被相続人は、関連法人の財産とともに個人的な財産を保管するため、本件金庫及び本件大金庫の双方を使用していたものと認められることは上記ロの(ロ)のとおりであるから、仮に、本件金庫がN社の金庫としての機能を中心として利用されていたとしても、そのことは、本件現金が本件被相続人に帰属し、本件相続財産に含まれるとの判断を左右するものではない。

したがって、この点に関する請求人の主張には理由がない。

(ハ) 請求人は、上記3の(1)の「請求人」欄のハのとおり、本件現金は会社のものではない旨のKの申述をもって、本件現金が関連法人のものではないと認定することはできない旨主張する。

しかしながら、本件現金が関連法人のものではないことは上記ロで述べたとおりであり、Kの申述のみをもって判断したものではないから、この点に関する請求人の主張には理由がない。

(2) 争点2（本件被相続人から請求人に対し請求人名義口座に係る財産が贈与された時期はいつか。）について

イ 法令解釈

贈与は、当事者の一方（贈与者）が自己の財産を無償で相手方に与える意思を表示し、相手方（受贈者）が受諾することによってその効力を生ずる（民法第549条）。もっとも、書面によらない贈与については、履行の終わった部分を除き、各当事者が撤回することができる（民法第550条）。

ロ 認定事実

請求人提出資料、原処分関係資料並びに当審判所の調査及び審理の結果によれば、次の事実が認められる。

(イ) 本件贈与証について

　　K は、本件子ら名義口座の開設当時、本件被相続人から本件贈与証の保管を任され、以後、N 社事務所内の自己の机の中に保管していたところ、本件調査開始後の令和元年 9 月、請求人から本件贈与に関する資料がないかとの問合せを受け、請求人に対し本件贈与証を提示し、また、請求人は、その時初めて本件贈与証の存在を認識した。

(ロ) 請求人名義口座の開設とその後の状況について

　A　請求人は、請求人名義口座の開設手続や本人確認書類の準備を自ら行ったことはなく、本件被相続人から請求人名義預金の存在について知らされていなかった。

　B　本件被相続人は、平成27年 8 月、請求人に対し、本件金員とともに請求人名義預金の通帳と印章を手渡しするまでは、当該通帳等を自ら保管しており、請求人は、当該通帳等を手渡された時に初めて請求人名義預金の存在を認識した。

　C　請求人名義口座の開設時から本件金員の払出しまでの期間において、請求人名義口座からの出金はない。

　D　本件被相続人は、平成25年以降、請求人名義口座への入金が途絶えたことについて、請求人にその理由を伝えていない。

ハ　請求人の陳述

　　請求人が当審判所に提出した令和 2 年12月19日付の請求人の陳述書には、要旨次の記載がある。

(イ) 大学卒業後、d 県外での会社勤務を経て、平成 5 年 4 月に N 社に入社して間もなく、本件被相続人と K との間に子供がいるなどの二人の関係を知った。その後、K に関する本件被相続人の態度に我慢できなくなり、平成10年 7 月に N 社を退職した。そして、Y 社へ入社し、平成13年 4 月に同社○○支店へ転勤となったが、N 社を退職してからは親との連絡を避けていたので○○支店への転勤も一切連絡しなかった。

(ロ) 平成13年 8 月頃、突然、本件被相続人から毎年○○○○円を贈与する旨の電話があった。

　　その際、本件被相続人から、使っていない私（請求人）の預金口座はないか

と聞かれ、そのような口座は持っていないため、そちら（本件被相続人）で作るよう答えたところ、本件被相続人は了解した。

　また、税務署に贈与を否認されるのではないかと本件被相続人に伝えたところ、本件被相続人は証文を書くから大丈夫である旨答えた。その後、当該証文のことについては、すっかり忘れていた。

(ハ)　その後、本件被相続人が毎年、○○○○円を私（請求人）名義の預金口座に入金した頃、本件被相続人から電話で入金した旨を知らされ、礼を言って贈与を受け入れていた。

(ニ)　平成27年のお盆の頃に帰省した際、本件被相続人から本件金員とともに請求人名義預金の通帳と印章を受け取った。

ニ　検討

(イ)　本件贈与証に基づく贈与の成立の有無について

　上記1の(3)のハのとおり、本件贈与証は、その記載内容からみて、本件被相続人が、平成13年8月以降、本件子らに対して、それぞれ毎年○○○○円を贈与する意思を表明したものと認められる。

　なお、本件被相続人が贈与額を年額○○○○円としたのは、税制改正により平成13年1月1日以降の贈与に係る贈与税の基礎控除が1,100,000円とされたことを踏まえたものであると想定されるところ、本件贈与証に「但し、法律により贈与額が変動した場合は、この金額を見直す。」との記載があることからすると、本件被相続人は、毎年、贈与税がかからない範囲で贈与を履行する意思を有していたことが合理的に推認される。

　しかしながら、本件贈与証には、受贈者の署名押印はなく、上記ロの(イ)のとおり、請求人は、本件調査開始後の令和元年9月まで本件贈与証の存在を認識していなかったことからすると、本件贈与証の存在のみをもって、直ちに、本件被相続人と請求人との間で、本件被相続人による毎年の請求人名義口座への入金に係る贈与が成立していたと認めることはできない。

(ロ)　請求人の陳述の信用性について

　請求人は、上記ハのとおり、平成13年に本件被相続人から電話で毎年贈与する旨の申込みがあり、その後も毎年電話で贈与の連絡を受け、受贈の意思を示していた旨の自己の主張に沿う陳述を行っている。

そこで、当該請求人の陳述の信用性について、以下検討する。

A　請求人は、本件被相続人から○○○○円を贈与する旨の申込みがあったとする際に、自身の保有口座を提供することもなく、また、新規の預金口座の開設にも協力していない旨を陳述するのであるが（上記ハの(ロ)）、かかる行動は、請求人が本件被相続人との関係悪化により、一定期間疎遠であった旨の陳述（上記ハの(イ)）を考慮しても、贈与の申込みを受諾した者がとる行動としては不自然であり、合理的な行動とは評価し得ないものである。

B　また、本件において、本件被相続人は、平成13年にKを通じて請求人名義口座を開設し、その後も引き続き請求人名義預金の通帳等を管理するとともに（上記1の(3)のニ及び上記ロの(ロ)）、請求人名義預金及び本件贈与証の存在を請求人に知らせることなく、本件贈与証を請求人が本件被相続人と疎遠になる一因となったKに預けており（上記ロの(イ)）、その後も、平成24年をもって、請求人に何ら連絡することなく、請求人名義口座への入金を停止した（上記1の(3)のニの(ロ)及び上記ロの(ロ)）。そして、本件被相続人は、当該停止から3年ほど経過した平成27年8月、請求人に対し、請求人名義預金の残高全額を払い出した本件金員とともに請求人名義預金の通帳等を手渡したものであるが（上記1の(3)のニの(ハ)及び上記ロの(ロ)）、本件被相続人は、口座開設から上記手渡しまでの約14年間、請求人に対して、請求人名義預金の金融機関名や口座番号も知らせることなく、請求人が請求人名義預金を自由に使用できる状況には置かなかった（上記ロの(ロ)）。

　これら一連の経過によれば、本件被相続人は、平成13年に請求人名義口座を開設した当時から平成27年に本件金員とともに請求人名義預金の通帳等を請求人に手渡すまでの間、請求人名義預金を請求人に自由に使用させる意思はなかったと認められる。

　かかる当事者の行動及び事実の経過からすれば、請求人の陳述のうち、本件被相続人から電話で毎年贈与する旨の申込みがあり、その後も毎年、電話で贈与の連絡を受け、その都度、受贈の意思を示していたとする点は、不自然かつ不合理なものといわざるを得ず、他にこれら陳述の内容を直接裏付ける客観的資料もないから、信用することができない。

(ハ)　請求人が本件被相続人から贈与により取得した財産及び当該財産を取得した

時期について

　　上記(イ)及び(ロ)を併せ考えると、本件において、本件被相続人と請求人との間
　で、本件被相続人による毎年の請求人名義口座への入金について、当該各入金
　時における贈与に係る意思の合致（贈与の成立）があったと認めることはでき
　ない。

　　一方、上記(ロ)のＢで述べた一連の事実経過等に加え、我が国において、親が
　子に伝えないまま子名義の銀行預金口座を開設の上、金員を積み立てておく事
　例が少なからず見受けられることに鑑みると、請求人名義口座は、本件贈与証
　に記載したとおりの贈与の履行がされているとの外形を作出するために本件被
　相続人により開設され、平成27年8月まで本件被相続人自身の支配管理下に置
　かれていたものと認められるから、請求人名義預金は、本件被相続人に帰属す
　る財産であったと認めるのが相当である。

　　そして、本件被相続人は、上記1の(3)のニの(ハ)のとおり、平成27年8月、請
　求人に対し、請求人名義預金の残高全額を払い出した本件金員を手渡し、請求
　人はそれを受領していることから、本件被相続人と請求人の間においては、平
　成27年8月に、本件金員に係る贈与が成立するとともに、その履行がされたも
　のと認めるのが相当である。

ホ　請求人の主張について

　　請求人は、上記3の(2)の「請求人」欄のハのとおり、本件被相続人と請求人と
　の間で、本件贈与証の作成により包括的に書面による贈与が成立しており、平成
　13年ないし平成24年の各年において、その受諾及び履行がされているから、請求
　人は、各年において請求人名義口座に係る財産を取得している旨主張する。

　　しかしながら、本件贈与証の存在のみをもって、直ちに、本件被相続人と請求
　人との間で、本件被相続人による毎年の請求人名義口座への入金に係る贈与が成
　立していたと認めることはできないこと、及び本件被相続人と請求人との間で、
　本件被相続人による毎年の請求人名義口座への入金について、当該各入金時にお
　ける贈与に係る意思の合致（贈与の成立）があったと認めることはできないこと
　は、上記ニで述べたとおりである。

　　したがって、この点に関する請求人の主張には理由がない。

(3)　争点3（Ｍ名義預金は、本件相続財産に含まれるか否か（具体的には、Ｍ名義預

金は本件被相続人とMのいずれに帰属するものか。)。) について

イ　認定事実

　　請求人提出資料、原処分関係資料並びに当審判所の調査及び審理の結果によれ
　ば、次の事実が認められる。

(イ)　Mは、平成○年○月○日生まれである。

(ロ)　Kは、L名義預金及びM名義預金の通帳及び印章を、口座開設当時からL又
　　はMにそれぞれ引き渡すまで保管していた。

(ハ)　M名義口座には、口座開設時から平成24年まで、利息を除き、各年に一度の
　　○○○○円の入金以外に入金はない。

ロ　検討

(イ)　本件贈与証に基づく贈与の成立の有無について

　　上記(2)のニの(イ)のとおり、本件贈与証は、その記載内容からみて、本件被相
　続人が、平成13年8月以降、本件子らに対して、それぞれ毎年○○○○円を贈
　与する意思を表明したものと認められる。

　　そして、Kは、本件被相続人から本件贈与証を預かるとともに（上記(2)のロ
　の(イ)）、本件被相続人の依頼により本件子ら名義口座に毎年○○○○円を入金
　し（上記1の(3)のニの(ロ)）、さらにM名義預金の通帳をMに渡すまでの間、管
　理していたことが認められる（上記イの(ロ)）。

　　ところで、Mは、上記イの(イ)のとおり、M名義口座が開設され、毎年の○○
　○○円の入金が開始された平成13年当時は未成年であったところ、上記1の(3)
　のイの(ロ)のとおり、Mが本件被相続人に認知されたのは平成27年4月2日であ
　るから、平成13年8月10日以降、Mが成年に達する平成○年○月までの間にお
　けるMの親権者はKのみであった。

　　そして、民法第824条《財産の管理及び代表》の規定により、Kは、Mが成
　年に達するまでは、Mの法定代理人として、その財産に関する法律行為につい
　てその子を代表し、その財産を管理する立場にあったと認められる。

　　そうすると、Kは、平成13年当時、Mの法定代理人として、本件被相続人か
　らの本件贈与証による贈与の申込みを受諾し、その結果、平成13年から平成24
　年に至るまで、当該贈与契約に基づき、その履行として、Kが管理するM名義
　口座に毎年○○○○円が入金されていたものと認めるのが相当である。

(ロ)　M名義預金は本件相続財産か否かについて

　　上記(イ)のとおり、本件被相続人とMとの間においては、平成13年当時、本件贈与証に基づく贈与契約が有効に成立していると認められる。

　　そして、M名義口座は、上記1の(3)のニの(イ)及び(ロ)のとおり、平成13年8月10日に開設された後、平成13年ないし平成24年までの各年に一度、本件被相続人からの○○○○円の入金が認められるほかは、上記イの(ハ)のとおり、利息を除き、入金は認められないことから、上記贈与契約の履行のために開設されたものであることは明らかである。

　　また、M名義預金の通帳及び印章は、上記イの(ロ)のとおり、当初から、Kが保管していたものである。

　　そうすると、M名義預金は、本件贈与証に基づく入金が開始された当初から、Kが、Mの代理人として自らの管理下に置いていたものであり、Mが成人に達した以降も、その保管状況を変更しなかったにすぎないというべきである。

　　したがって、M名義預金は、平成13年の口座開設当初から、Mに帰属するものと認められるから、本件相続財産には含まれない。

ハ　原処分庁の主張について

(イ)　原処分庁は、上記3の(3)の「原処分庁」欄のロのとおり、Kは、本件贈与証の具体的内容を理解しておらず、本件被相続人の指示に従いM名義口座への入金を行っていたにすぎないとして、これらの入金が、Mへ贈与されたものと認識していたとは認められないことを根拠として、平成13年ないし平成24年の各年において本件被相続人とMとの間で贈与契約が成立していたとは認められない旨主張する。

　　しかしながら、本件贈与証の内容は、上記1の(3)のハのとおり、毎年○○○○円を贈与するというものであって、その理解が特別困難なものとはいえず、また、上記1の(3)のイの(ニ)のとおり、Kは、関連法人の経理担当として勤務していたことを併せ考えると、Kが本件贈与証の具体的内容を理解していたとみるべきであり、そのことを前提とすると、Kは、自身が手続を行っていた本件被相続人の預金口座からM名義口座への資金移動について、本件被相続人からMへの贈与によるものであると認識していたと認めるのが相当である。

　　したがって、この点に関する原処分庁の主張には理由がない。

㈹　原処分庁は、上記３の⑶の「原処分庁」欄のハのとおり、Ｍが、成年に達した以降、本件贈与証の内容を把握していたと認められる証拠はないことや、平成30年に銀行印の紛失手続を行ったこと及び本件調査の結果に基づきＭ名義預金を本件相続財産として修正申告したことを根拠として、平成13年ないし平成24年の各年において本件被相続人とＭとの間で贈与契約が成立していたとは認められない旨主張する。

　　しかしながら、Ｋが、平成13年当時、Ｍの法定代理人として、本件被相続人からの本件贈与証による贈与の申込みを受諾していたと認めるのが相当であることは、上記ロの㈵で述べたとおりである。

　　したがって、この点に関する原処分庁の主張には理由がない。

⑷　原処分の適法性について

　イ　本件各更正処分について

　　上記⑴ないし⑶のとおり、本件現金は、本件相続財産に含まれ、本件金員は、平成27年に贈与されたものであるから相続開始前３年以内の贈与として相続税法第19条第１項の規定により課税価格に加算すべきである一方、Ｍ名義預金は、本件相続財産には該当しない。

　　これらに基づき、当審判所において、請求人の本件相続税の課税価格及び納付すべき税額を計算すると、別表３の「審判所認定額Ｂ」欄のとおりとなる。そうすると、当該請求人の納付すべき税額○○○○円は、本件更正処分２の額を下回ることとなるから、本件各更正処分は、その一部を別紙の「取消額等計算書」のとおり取り消すべきである。

　　なお、本件各更正処分のその他の部分については、請求人は争わず、当審判所に提出された証拠資料等によってもこれを不相当とする理由は認められない。

　ロ　本件各賦課決定処分について

　　上記イのとおり、本件各更正処分は、その一部を取り消すべきであり、また、Ｈが本件相続の開始前３年以内に本件被相続人から贈与を受けた財産の申告漏れに係る部分を除き、通則法第65条《過少申告加算税》第４項に規定する正当な理由があるとは認められないところ、これらに基づき、当審判所において、請求人の本件相続税に係る過少申告加算税の計算の基礎となるべき税額を計算すると、別表４の⑭欄のとおり○○○○円となる。

そして、請求人の過少申告加算税の額を通則法第65条第1項の規定に基づき計算すると、○○○○円となる。

　　したがって、本件各賦課決定処分は、別紙の「取消額等計算書」のとおり、本件賦課決定処分2の一部を取り消すべきである。

ハ　本件贈与税決定処分について

　　上記(2)のとおり、本件被相続人と請求人の間においては、平成27年8月に、本件金員に係る贈与が成立するとともに、その履行がされたものと認めるのが相当であるところ、当審判所において、請求人の平成27年分の贈与税の課税価格及び納付すべき税額を計算すると、本件贈与税決定処分の額と同額となる。また、本件贈与税決定処分のその他の部分については、請求人は争わず、当審判所に提出された証拠書類等によっても、これを不相当とする理由は認められない。

　　したがって、本件贈与税決定処分は適法である。

ニ　本件贈与税賦課決定処分について

　　上記ハのとおり、本件贈与税決定処分は適法であり、また、本件において、通則法第66条《無申告加算税》第1項ただし書に規定する正当な理由があるとは認められない。そして、当審判所においても、請求人の平成27年分の贈与税の無申告加算税の額は、本件贈与税賦課決定処分の額と同額であると認められる。

　　したがって、本件贈与税賦課決定処分は適法である。

(5)　本件変更決定処分に対する審査請求について

　　通則法第75条《国税に関する処分についての不服申立て》第1項に規定する不服申立ての対象となる処分は、不服申立人の権利又は利益を侵害するものでなければならず、その処分が権利又は利益を侵害する処分であるか否かについては、当該処分により納付すべき税額の総額が増額したか否かにより判断すべきであるところ、本件変更決定処分は、請求人の納付すべき過少申告加算税の額を減額する処分であるから、請求人の権利又は利益を侵害するものとはいえない。

　　したがって、本件変更決定処分の取消しを求める利益はなく、当該処分に対する審査請求は、請求の利益を欠く不適法なものである。

(6)　結論

　　よって、審査請求には理由があるから、原処分の一部を取り消すこととする。

別表1　審査請求に至る経緯（相続税）（省略）

別表2　審査請求に至る経緯（贈与税）（省略）

別表3　相続税の課税価格及び納付すべき税額等（審判所認定額）（省略）

別表3付表　未分割財産の取得割合等（審判所認定割合等）（省略）

別表4　相続税の加算税の基礎となる税額（審判所認定額）（省略）

別紙　取消額等計算書（省略）

事例4（相続税の課税財産の認定　預貯金等　預貯金）

　　被相続人が毎年一定額を入金していた未成年の子名義の預金口座に係る預金は相続
財産に含まれないと認定した事例（①平成29年1月相続開始に係る相続税の更正処分
及び更正の請求に対する更正処分、②平成29年1月相続開始に係る相続税の過少申告
加算税の賦課決定処分、③平成29年1月相続開始に係る相続税の過少申告加算税の変
更決定処分・①一部取消し、②一部取消し、③却下・令和3年9月17日裁決）

《ポイント》

　本事例は、被相続人が、毎年一定の金額を当時未成年であった嫡出でない子（長
女）に贈与する旨を記した贈与証を作成した上で、長女の唯一の法定代理人である母
を介し、長女名義の普通預金口座に毎年入金していたことにつき、当該母が、その贈
与証に基づく贈与を受諾し、入金していたものであるから、当該口座に係る預金は長
女に帰属する財産であり、相続財産には含まれないと認定したものである。

《要旨》

　原処分庁は、請求人の亡父（被相続人）が、毎年一定の金額を当時未成年であった被
相続人の嫡出でない子（長女）に贈与する旨を記した贈与証（本件贈与証）を作成した
上で、長女の母を介し、長女名義の普通預金口座（本件預金口座）に平成13年から平成
24年までの間、毎年入金していたことについて、長女の母は、本件贈与証の具体的内容
を理解しておらず、被相続人の指示に従い本件預金口座に入金していたにすぎず、当該
入金が長女へ贈与されたものとは認識していないから、被相続人から長女への贈与は成
立しておらず、本件預金口座に係る預金は被相続人の相続財産に含まれる旨主張する。

　しかしながら、本件贈与証の内容は、その理解が特別困難なものとはいえない上、長
女の母は、本件贈与証を預かるとともに、被相続人の依頼により本件預金口座へ毎年入
金し、本件預金口座の通帳等を口座開設当時から管理していたことからすれば、平成13
年当時、長女の唯一の親権者であった長女の母は、長女の法定代理人として、本件贈与
証による贈与の申込みを受諾し、その履行として本件預金口座へ毎年入金していたと認
めるのが相当であり、また、本件預金口座には、利息を除き、毎年の入金以外に入金は
ないから、本件預金口座に係る預金は、平成13年の口座開設当初から長女に帰属するも

のであって、相続財産には含まれない。

（令和3年9月17日裁決）

《裁決書（抄）》

1　事　実

(1)　事案の概要

　　本件は、審査請求人（以下「請求人」という。）が、相続税の修正申告において課税価格に加算した請求人及び妹名義の普通預金は、いずれも相続開始日の3年より前に被相続人から贈与されたものであるから相続税の課税対象ではないとして更正の請求をしたところ、原処分庁が、請求人名義の預金についてのみを認める減額更正処分等を行ったことに対し、請求人が、妹名義の預金も請求人の母が親権者として受贈済みであるから原処分庁の認定には誤りがあるなどとして、原処分の一部の取消しを求めた事案である。

(2)　関係法令

　イ　相続税法第19条《相続開始前3年以内に贈与があった場合の相続税額》第1項は、相続又は遺贈により財産を取得した者が当該相続の開始前3年以内に当該相続に係る被相続人から贈与により財産を取得したことがある場合においては、その者については、当該贈与により取得した財産の価額を相続税の課税価格に加算した価額を相続税の課税価格とみなし、同法第15条から第18条までの規定を適用して算出した金額をもって、その納付すべき相続税額とする旨規定している。

　ロ　民法（平成29年6月2日法律第44号による改正前のもの。）第549条《贈与》は、贈与は、当事者の一方が自己の財産を無償で相手方に与える意思を表示し、相手方が受諾をすることによって、その効力を生ずる旨規定している。

　　同法第550条《書面によらない贈与の撤回》は、書面によらない贈与は、各当事者が撤回することができるが、履行の終わった部分については、この限りでない旨規定している。

(3)　基礎事実

　　当審判所の調査及び審理の結果によれば、次の事実が認められる。

　イ　被相続人及び相続人等について

　　(イ)　G（以下「本件被相続人」という。）は、平成29年1月○日（以下「本件相続開始日」という。）に死亡し、その相続（以下「本件相続」という。）が開始した。

㊀　本件相続に係る共同相続人は、本件被相続人の妻であるH、本件被相続人と
Hの子であるJ及びK、並びに本件被相続人とLの子である請求人及びMの5
名（以下、本件被相続人の子4名を併せて「本件子ら」といい、Hと本件子ら
を併せて「相続人ら」という。）である。

　　なお、本件被相続人は、平成27年4月2日、請求人及びMを認知した。

㊁　本件被相続人は、N社及びP社の代表取締役並びに社会福祉法人Qの財務担
当の理事を務めるとともに、平成27年5月のKへの役員変更までは、R社の代
表取締役を務めていた。

㊂　Lは、S社の代表取締役を務めるとともに、上記㊁のN社ほか3法人及びS
社（以下、これらの5法人を併せて「関連法人」という。）の経理事務を担当
していた。

㊃　Jは、平成29年1月22日、N社の代表取締役に就任した。

ロ　現金の発見について

　　Jは、平成29年秋頃、N社の事務室内に並べて置かれた2つの金庫のうち、小
さい方の金庫（以下、この金庫を「本件金庫」といい、もう一方の金庫を「本件
大金庫」という。）に保管されていた現金○○○○円（以下「本件現金」とい
う。）を発見した。

ハ　「贈与証」と題する書面について

　　本件被相続人は、生前、平成13年8月吉日付の「贈与証」と題する書面（以下
「本件贈与証」という。）を作成した。本件贈与証には、「私は、平成拾参年度よ
り以後、毎年八月中に左記の四名の者に金、○○○○円也を各々に贈与する。但
し、法律により贈与額が変動した場合は、この金額を見直す。」と記載されてお
り、本件子らの住所及び氏名が記載された上、本件被相続人の署名押印がされて
いた。

　　なお、本件贈与証には、本件子らの署名押印はいずれもなかった。

ニ　本件子ら名義の普通預金口座について

㊀　Lは、平成13年8月10日、本件被相続人の依頼により、T銀行○○支店にお
いて、次のとおりの各普通預金口座（以下、これらの普通預金口座を併せて
「本件子ら名義口座」という。）を開設した。

　　A　J名義の普通預金口座（口座番号○○○○。以下「J名義口座」といい、

J名義口座に係る預金を「J名義預金」という。)

　　B　K名義の普通預金口座（口座番号○○○○。以下、当該口座に係る預金を
　　　　「K名義預金」という。)

　　C　請求人名義の普通預金口座（口座番号○○○○。以下、当該口座に係る預
　　　　金を「請求人名義預金」という。)

　　D　M名義の普通預金口座（口座番号○○○○。以下「M名義口座」といい、
　　　　M名義口座に係る預金を「M名義預金」という。)

　(ロ)　Lは、平成13年ないし平成24年の各年に一度、本件被相続人から依頼され、
　　　U銀行○○支店の本件被相続人名義の普通預金口座（口座番号○○○○）又は
　　　同行○○出張所の同人名義の普通預金口座（口座番号○○○○）から現金○○
　　　○○円を出金し、本件子ら名義口座にそれぞれ○○○○円を入金した。

　　　なお、本件子ら名義口座への各年の入金日は、平成13年8月10日、平成14年
　　　5月13日、平成15年6月25日、平成16年11月9日、平成17年11月16日、平成18
　　　年8月4日、平成19年6月15日、平成20年8月12日、平成21年6月25日、平成
　　　22年5月28日、平成23年8月8日、平成24年6月28日であった。

　(ハ)　Lは、平成27年6月1日、本件被相続人の依頼により、J名義預金の残高○
　　　○○○円の全額を現金で払い出し、J名義預金の通帳とともに本件被相続人に
　　　引き渡した（以下、この払い出した金員を「本件金員」という。)。

　　　また、本件被相続人は、平成27年8月、N社の事務所において、本件金員と
　　　ともにJ名義預金の通帳をJに対して手渡した。

　(ニ)　請求人名義預金は、平成28年2月24日に当該預金に係る口座から○○○○円
　　　が出金されており、本件相続開始日時点の残高は○○○○円であった。

　　　また、K名義預金及びM名義預金の本件相続開始日時点の残高は、いずれも
　　　○○○○円であった。

(4)　審査請求に至る経緯

　イ　請求人は、本件相続に係る相続税（以下「本件相続税」という。）の申告書の
　　作成をV税理士（以下「本件税理士」という。）に依頼し、別表1の「申告」欄
　　のとおり記載した相続税の申告書（以下「本件申告書」という。）を他の相続人
　　らとともに法定申告期限までに提出した。

　　なお、本件申告書において、本件現金、K名義預金、請求人名義預金、M名義

預金及び本件金員は、いずれも本件相続税の課税価格の計算の基礎となる財産に含まれていない。

ロ　請求人は、原処分庁所属の調査担当職員（以下「調査担当者」という。）による調査（以下「本件調査」という。）を受け、令和2年6月9日、K名義預金及びM名義預金は本件相続に係る相続財産（以下「本件相続財産」という。）であり、請求人名義預金についても、請求人が本件被相続人から相続開始前3年以内に贈与されたものであったなどとして、これらを反映した別表1の「修正申告」欄のとおり記載した修正申告書（以下「本件修正申告書」という。）を原処分庁に提出した。

ハ　原処分庁は、本件修正申告書に基づき、令和2年6月30日付で、別表1の「賦課決定処分」欄のとおり、過少申告加算税の賦課決定処分をした。

ニ　併せて、原処分庁は、令和2年6月30日付で、本件修正申告書においては、本件現金が本件相続財産に含まれておらず、本件金員が本件相続の開始前3年以内にJに贈与されたものであることが反映されていないとして、別表1の「更正処分」欄のとおり、更正処分（以下「本件更正処分1」という。）をした。

ホ　請求人は、令和2年10月15日、原処分庁に対し、請求人名義預金及びM名義預金については、いずれも本件相続開始日の3年より前に贈与されたものであったとして、本件相続税について別表1の「更正の請求」欄のとおりとすべき旨の更正の請求をした。

　　これに対し、原処分庁は、令和3年1月8日付で、請求人名義預金に係る部分については更正の請求を認め、M名義預金に係る部分については更正の請求に理由がないとして、別表1の「更正処分等（減額）」欄のとおり、減額更正処分をし、これに伴う過少申告加算税の変更決定処分（以下順に、「本件更正処分2」及び「本件変更決定処分」といい、本件更正処分1及び本件更正処分2を併せて「本件各更正処分」という。また、以下、本件変更決定処分後の上記ハの賦課決定処分を「本件賦課決定処分」という。）をした。

ヘ　請求人は、令和3年2月18日、本件更正処分2及び本件変更決定処分に不服があるとして審査請求をした。

　　なお、本件賦課決定処分及び本件更正処分1についても併せ審理する。

2　争　点

(1)　本件現金は、本件相続財産に含まれるか否か（争点1）。

(2)　本件被相続人からJに対しJ名義口座に係る財産が贈与された時期はいつか（争点2）。

(3)　M名義預金は、本件相続財産に含まれるか否か（具体的には、M名義預金は本件被相続人とMのいずれに帰属するものか。）（争点3）。

3　争点についての主張

(1)　争点1（本件現金は、本件相続財産に含まれるか否か。）について

原処分庁	請求人
以下のとおり、本件現金は、本件被相続人が管理していたものであり、本件被相続人に帰属する財産であるから本件相続財産を構成する。	以下のとおり、本件現金が本件被相続人の財産であるとの認定はできないから、本件相続財産に含めることはできない。
イ　本件現金が保管されていた本件金庫の鍵は、本件被相続人がX病院に入院するまでは本件被相続人が、本件被相続人が入院してからはLが、本件相続開始日以降はJがそれぞれ管理していた。	イ　本件被相続人が本件現金を保管・管理していたとしても、このことをもって、本件現金が本件相続財産であると決めつけることはできない。
そして、本件現金は、JのN社代表取締役就任後にその存在が発覚したものであるが、J及びLは、本件現金の原資について把握していなかった。	ロ　また、本件金庫は、N社の所有物として同社の使用済の預金通帳を保管するなど、同社の金庫としての機能を中心に利用されており、本件被相続人の個人的な預金通帳が本件金庫の隅に混在していたにすぎず、本件被相続人の個人的な預金通帳等を保管するために存在していたものではないから、本件現金が本件相続財産であると認定することはできない。
そうすると、本件金庫に本件現金を保管していたのは、J及びLではなく、本件金庫の鍵を保管していた本件被相続人であったと認められる。	
ロ　そして、本件現金は、本件被相続人の個人的な預金通帳等とともに本件金庫内に保管されていた一方で、関連法	ハ　さらに、Lは、本件被相続人の全ての行動、取引内容を網羅的に把握できるだけの強力な立場や権限を有してい

人の経理を担当していたLが、本件調査において調査担当者に対し、「本件現金は会社のものではない」旨申述していることからすると、本件現金は少なくとも関連法人のものではないと認められる。

ハ　上記のことに加え、本件被相続人は、平成28年6月27日に、S社から返済を受けた○○○○円のうち、○○○○円をLに贈与しており、残額の○○○○円と本件現金の額が一致することからすれば、上記返済金の一部が本件現金の原資と推認される。

ないから、本件調査における「本件現金は私の知る限り会社のものではない」旨のLの申述をもって、本件現金が関連法人のものではないと認定することはできない。

(2)　争点2（本件被相続人からJに対しJ名義口座に係る財産が贈与された時期はいつか。）について

原処分庁	請求人
以下のとおり、J名義口座を用いた本件被相続人からJへの贈与（以下「本件贈与」という。）について、Jと本件被相続人の間で、本件贈与証による贈与は成立しておらず、Jが本件贈与により財産を取得した時期は、本件被相続人から本件金員を受領した平成27年である。 イ　贈与の態様について 　　書面による贈与が成立したと認められるためには、その前提として贈与者と受贈者の合意が求められ、その上で贈与者の意思表示が書面によりされて	以下のとおり、本件贈与証が作成される過程において、本件被相続人とJとの間で、包括的に書面による贈与が成立しており、平成13年ないし平成24年の各年において、その受諾及び履行がされているから、Jは、各年においてJ名義口座に係る財産を取得している。 イ　贈与の態様について 　　本件贈与証による贈与は、民法第550条の書面の解釈からすれば、書面による贈与であり、贈与の時期は、贈与契約の効力が発生した時である。

いることが必要となる。

　よって、いかに贈与者の意思表示が書面により確認されたとしても、Jが、本件贈与証に対する受諾の意思表示をしていたと認められる証拠がなく、本件贈与証による当事者間における贈与の意思の合致が認められない場合には、本件被相続人とJの間で書面による贈与契約は成立していないことになるから、本件贈与は、書面によらない贈与となる。

ロ　本件贈与証による贈与の成立について

　㈠　Jが本件贈与証の存在及びその具体的な内容を知ったのは本件相続開始日以降であり、それ以前に贈与の目的物や履行の時期を了知していたと認められる証拠はなく、本件贈与証に対する受贈の意思表示をしていたとは認められない。

　㈡　また、贈与契約が成立した場合、受贈者は取得した財産を自由に管理及び処分できるはずであるが、J名義預金は、平成27年に預金通帳とともに本件金員がJへ渡されるまで本件被相続人が管理しており、J名義預金を自由に処分できるのは本件被相続人のみであった。そして、Jは、本件贈与を受諾していたと申述

ロ　本件贈与証による贈与の成立について

　㈠　本件被相続人は、暦年贈与を平成13年8月から開始することを決意し、その旨をJに口頭で申し出て、その贈与意思の証拠として本件贈与証を作成し、平成13年ないし平成24年の間、毎年贈与を履行した。

　㈡　また、J名義口座は、Jの依頼により本件被相続人が開設し、その預金通帳及び銀行印も本件被相続人に預託されていたものであり、本件被相続人は、毎年、○○○○円をJ名義口座に入金する都度、贈与する旨をJに通知し、Jはこれを受諾していた。

　㈢　したがって、平成13年から平成24年の間、本件贈与証による暦年贈与

する一方、J名義預金の管理運用に関心を何ら示さず、J名義預金の詳細や本件贈与証に基づく贈与が履行されているか否かを預金通帳で確認すらできない状態にあった。	が成立していた。
(ハ) これらの客観的事実からしても、本件被相続人とJとの間で本件贈与証による贈与が成立していたとは認められない。	(ニ) なお、Jは、本件調査時から、本件相続とは関係がないと思っていたから本件贈与について調査担当者に伝えなかった旨を申述しており、Jの申述等は、本審査請求の展開に合わせて変遷又は新たになされたものでなく、当初から一貫しており、不自然なものでもない。
ハ 本件贈与の成立時期について 　上記ロのとおり、平成13年ないし平成24年の期間において、本件被相続人とJとの間で本件贈与証による贈与が成立していたとは認められない。 　一方、Jは、平成27年に本件金員及びJ名義預金の通帳の交付を受けており、これにより具体的な本件贈与の事実を把握するとともに、受贈の意思表示をしたものと認められるから、本件贈与は、平成27年に成立したものである。	ハ 本件贈与の成立時期について 　上記ロのとおり、本件贈与証の作成により書面による贈与が包括的に成立し、その後、毎年J名義口座に入金される都度、その書面による贈与が具体的に確定しているから、平成13年ないし平成24年の各年において、Jに対する暦年贈与が成立し、その履行も終えていた。

(3)　争点3（M名義預金は、本件相続財産に含まれるか否か（具体的には、M名義預金は本件被相続人とMのいずれに帰属するものか。）。）について

請求人	原処分庁
以下のとおり、平成13年ないし平成24年の各年において、本件被相続人からMへの本件贈与証による贈与が成立しているから、M名義預金は本件相続財産に含	以下のとおり、平成13年ないし平成24年の各年において、本件被相続人とMの間で贈与契約が成立していたとは認められず、MがM名義預金の通帳を実際に取

まれない。

　なお、Lは、平成27年8月頃に、Mに対し、M名義預金の通帳及び銀行印を渡している。

イ　贈与の態様について

　本件贈与証による贈与は、民法第550条の書面の解釈からすれば、書面による贈与であり、贈与の時期は、贈与契約の効力の発生した時である。

ロ　本件贈与証による贈与の成立について（平成13年ないし平成〇年）

　(イ)　Mは、本件贈与証が作成された平成13年8月当時は未成年者であり、本件被相続人に認知された平成27年4月2日まではLが唯一の親権者として財産管理権を有していた。

　(ロ)　そして、Lは、本件贈与証の作成当時に本件被相続人から本件贈与証を見せられ、その贈与を受諾した。

　(ハ)　その後、Lは、本件贈与証に基づく贈与の履行補助者として、毎年、本件被相続人に命じられ、本件子ら名義口座へそれぞれ〇〇〇〇円の入

得した時期は平成30年と認められるから、M名義預金は、本件相続開始日時点において、本件被相続人に帰属し、本件相続財産に含まれる。

イ　贈与の態様について

　書面による贈与が成立したと認められるためには、その前提として贈与者と受贈者の合意が求められ、その上で贈与者の意思表示が書面によりされていることが必要となる。

　よって、いかに贈与者の意思表示が書面により確認されたとしても、当事者間における贈与の意思の合致が認められない場合は、贈与契約自体が成立しないこととなる。

ロ　本件贈与証による贈与の成立について（平成13年ないし平成〇年）

　(イ)　Lは、本件被相続人の指示に基づきM名義口座への入金を行っていただけであった旨申述しており、M名義預金の通帳をMに渡す際には、本件被相続人がMのために積み立てていた金員である旨を説明していたことが認められることからすると、本件贈与証の存在を認識していたものの、その具体的内容を理解していなかった。

　(ロ)　そうすると、Lは、自身が行っていたM名義口座への入金が、Mへ贈

金を行うとともに、Mの親権者として各年の贈与を受諾していた。 (ニ) そうすると、平成13年ないし平成○年の各年において本件贈与証による贈与が成立していた。	与されていたものであると認識していたとは認められず、本件被相続人の指示に従い本件子ら名義口座へ各○○○○円の資金移動を行っていたにすぎない。 (ハ) したがって、Lが、Mが未成年者であった期間において、本件被相続人からMへの贈与を受諾していたとは認められず、本件贈与証による贈与は成立していない。
ハ　本件贈与証による贈与の成立について（平成○年ないし平成24年） (イ) Lは、Mが成年に達した頃に、毎年本件被相続人から贈与を受けていることを伝えた上で、当時、学生であったMの事務受託者としてM名義預金の通帳及び銀行印を保管していた。 (ロ) Mが成年に達した後も、Lを履行補助者としてM名義口座に○○○○円が入金されており、本件贈与証による意思表示を起点として一連の贈与が履行されていた。 (ハ) したがって、履行により贈与が取消しできない状態となっており、Mの成年後も上記ロと同様に本件贈与証による贈与が成立している。	ハ　本件贈与証による贈与の成立について（平成○年ないし平成24年） (イ) Mが成年に達した以降、Mが本件贈与証の内容を把握していたと認められる証拠はない。 (ロ) そして、Mは、①平成30年にM名義預金に係る銀行印の紛失届の手続を行い、②本件調査の結果に基づきM名義預金を本件相続財産として記載した修正申告をしたことからすると、Mが、M名義預金の通帳を実際に取得したのは平成30年であったと認められる。 (ハ) したがって、Mの成年後も本件贈与証による贈与が成立していたとは認められない。

4　当審判所の判断

(1)　争点1（本件現金は、本件相続財産に含まれるか否か。）について

イ　認定事実

　　請求人提出資料、原処分関係資料並びに当審判所の調査及び審理の結果によれ
　ば、次の事実が認められる。

　(イ)　本件金庫の鍵の管理は、本件被相続人が平成28年8月4日にX病院へ入院す
　　るまでは本件被相続人が、その後平成29年3月中旬にJの妻がN社に着任する
　　まではLが、Jの妻のN社着任後はJの妻が行っていた。

　　　なお、Jが平成29年1月にN社の代表取締役に就任した後は、Jが本件金庫
　　の使用の許可を行い、金庫の開閉等をJの妻及びLに指示していた。

　(ロ)　本件金庫には、Jが本件現金を発見した当時、本件現金のほか、関連法人及
　　び本件被相続人の使用済の預金通帳が保管されていた。

　(ハ)　本件大金庫には、関連法人の業務において日常的に必要とされる現金、預金
　　通帳、印章及び契約書類などが保管されていた。

　　　なお、本件申告書に記載された財産のうち、有価証券に係る書類や使用中の
　　預金通帳は、本件相続開始日時点において、本件被相続人の自宅には保管され
　　ておらず、全て本件大金庫に保管されていた。

　(ニ)　Jは、本件現金を発見するまで、その存在を知らず、Lも本件金庫に本件現
　　金が保管されていることを知らなかった。

　(ホ)　本件被相続人は、平成28年6月27日、N社の事務所内において、S社に対す
　　る貸付金の返済として、Lから現金〇〇〇〇円（以下「本件返済金」という。）
　　を受領した。

　　　また、Lは、平成28年7月初旬、本件被相続人から現金〇〇〇〇円の贈与を
　　受けた。

　(ヘ)　調査担当者は、本件調査において、本件税理士に対し、本件返済金について
　　照会したところ、令和元年8月26日、本件税理士を通じ、本件被相続人がLに
　　〇〇〇〇円を贈与した事実と併せて、本件現金の存在を了知した。

　　　なお、調査担当者は、令和元年10月4日、Lから、本件現金は本件返済金の
　　一部（本件返済金のうち、本件被相続人がLに贈与した分を控除した残額）か
　　もしれないと本件税理士に説明した旨の申述を得た。

　(ト)　本件現金は、令和2年5月8日、N社の会計帳簿の預り金勘定に計上された。

　　　なお、同日以前において、関連法人のいずれの会計帳簿にも本件現金の計上は

なかった。

ロ　検討

　(イ)　本件現金の保管・管理状況について

　　　本件金庫の鍵は、上記イの(イ)のとおり管理され、本件金庫の開閉ができる者
　　は限られており、また、ＪがＮ社の代表取締役に就任してからは、Ｊの許可な
　　しに本件金庫を使用できなかったことからすると、本件金庫に本件現金を保管
　　することができたのは、それ以前に鍵を管理していた本件被相続人又はＬであ
　　ったと認められる。

　　　そして、上記イの(ニ)のとおり、Ｌは、Ｊが本件現金を発見するまで本件金庫
　　に本件現金が保管されていることを知らなかった。

　　　そうすると、本件現金を本件金庫に保管し、管理していたのは、本件被相続
　　人であったと認められる。

　(ロ)　本件金庫及び本件大金庫の使用状況について

　　　上記イの(ロ)及び(ハ)のとおり、本件金庫には、関連法人及び本件被相続人の使
　　用済の預金通帳が保管されており、本件大金庫には、関連法人の業務に係る預
　　金通帳、書類等のほか、本件被相続人の個人的な預金通帳等が保管されていた。

　　　そうすると、本件被相続人は、関連法人の財産とともに個人的な財産を保管
　　するため、本件金庫及び本件大金庫の双方を使用していたものと認められる。

　(ハ)　本件現金の発見の経緯と関連法人の状況について

　　　本件現金は、上記１の(3)のロのとおり、平成29年の秋頃、Ｎ社の事務室内に
　　設置されていた本件金庫内からＪが発見したものであるところ、上記イの(ト)の
　　とおり、令和２年５月８日にＮ社の会計帳簿の預り金勘定に計上されるまで、
　　Ｎ社を含む関連法人のいずれの会計帳簿にも計上されていない。そして、関連
　　法人の経理担当者であったＬは、上記イの(ニ)のとおり、Ｊが本件現金を発見す
　　るまで、本件現金が本件金庫に保管されていたことは知らず、また、上記イの
　　(ホ)及び(ヘ)のとおり、本件調査において、本件現金は、本件返済金のうち、本件
　　被相続人がＬに贈与した分を控除した残額である可能性を示唆してもいる。

　　　この点、一般に、会計帳簿には対象時点又は対象期間における資産負債や損
　　益の状況を正確に示すことが求められているところ、本件現金が関連法人のい
　　ずれかの資産であることを裏付ける資料は見当たらないばかりか、関連法人の

いずれにも簿外資産や使途不明金の存在をうかがわせる事情は見当たらず、関連法人の経理を担当するＬにも本件現金が関連法人に帰属するとの認識はなかった。

　そうすると、本件現金の発見以前において、本件現金が関連法人の会計帳簿に資産計上されていなかった点については、関連法人の資産状況等が正しく記帳されているものと認めるのが相当である。

　なお、上記イの(ト)のとおり、本件調査後の令和２年５月８日に、Ｎ社の会計帳簿の預り金勘定に本件現金が計上されてはいるものの、これは、本件調査において、調査担当者の指摘を受け、本件現金の帰属が問題となることを認識した後に行われたものであるから、当該預り金勘定に本件現金が計上されたことは、上記認定を左右しない。

　したがって、本件現金は、関連法人のいずれかに帰属するものとは認められない。

(ニ)　まとめ

　以上のとおり、本件現金が関連法人のいずれかに帰属するものであるとは認められないところ、本件現金を本件金庫に保管し、管理していたのが本件被相続人自身であり、本件被相続人が本件金庫及び本件大金庫に本件被相続人の個人的な財産についても保管していたことに加え、本件現金について、本件被相続人が他から預託を受けて保管していた金員であることをうかがわせる事情も見当たらないことに照らせば、本件現金は、本件被相続人が本件被相続人名義の預金通帳とともに本件金庫内に保管していた自らの固有財産と認めるのが相当である。

　したがって、本件現金は本件被相続人に帰属するものであり、本件相続財産に含まれると認めるのが相当である。

ハ　請求人の主張について

(イ)　請求人は、上記３の(1)の「請求人」欄のイのとおり、本件被相続人が本件現金を保管・管理していたことをもって、本件現金を本件相続財産とすることはできない旨主張する。

　しかしながら、本件現金が本件相続財産に含まれると判断されることは上記ロのとおりであり、本件被相続人が本件現金を保管・管理していたことのみを

もって判断したものではないから、この点に関する請求人の主張には理由がない。

　　㈂　請求人は、上記3の(1)の「請求人」欄のロのとおり、本件金庫は、N社の所有物であり、同社の金庫としての機能を中心として利用されていたものであり、本件被相続人の個人的な預金通帳等を保管するために存在していたものではないから、本件現金を本件相続財産とすることはできない旨主張する。

　　　　しかしながら、本件被相続人は、関連法人の財産とともに個人的な財産を保管するため、本件金庫及び本件大金庫の双方を使用していたものと認められることは上記ロの㈂のとおりであるから、仮に、本件金庫がN社の金庫としての機能を中心として利用されていたとしても、そのことは、本件現金が本件被相続人に帰属し、本件相続財産に含まれるとの判断を左右するものではない。

　　　　したがって、この点に関する請求人の主張には理由がない。

　　㈃　請求人は、上記3の(1)の「請求人」欄のハのとおり、本件現金は会社のものではない旨のLの申述をもって、本件現金が関連法人のものではないと認定することはできない旨主張する。

　　　　しかしながら、本件現金が関連法人のものではないことは上記ロで述べたとおりであり、Lの申述のみをもって判断したものではないから、この点に関する請求人の主張には理由がない。

(2)　争点2（本件被相続人からJに対しJ名義口座に係る財産が贈与された時期はいつか。）について

　イ　法令解釈

　　　贈与は、当事者の一方（贈与者）が自己の財産を無償で相手方に与える意思を表示し、相手方（受贈者）が受諾することによってその効力を生ずる（民法第549条）。もっとも、書面によらない贈与については、履行の終わった部分を除き、各当事者が撤回することができる（民法第550条）。

　ロ　認定事実

　　　請求人提出資料、原処分関係資料並びに当審判所の調査及び審理の結果によれば、次の事実が認められる。

　　㈠　本件贈与証について

　　　　Lは、本件子ら名義口座の開設当時、本件被相続人から本件贈与証の保管を

任され、以後、Ｎ社事務所内の自己の机の中に保管していたところ、本件調査開始後の令和元年９月、Ｊから本件贈与に関する資料がないかとの問合せを受け、Ｊに対し本件贈与証を提示し、また、Ｊは、その時初めて本件贈与証の存在を認識した。

(ロ)　Ｊ名義口座の開設とその後の状況について

A　Ｊは、Ｊ名義口座の開設手続や本人確認書類の準備を自ら行ったことはなく、本件被相続人からＪ名義預金の存在について知らされていなかった。

B　本件被相続人は、平成27年８月、Ｊに対し、本件金員とともにＪ名義預金の通帳と印章を手渡しするまでは、当該通帳等を自ら保管しており、Ｊは、当該通帳等を手渡された時に初めてＪ名義預金の存在を認識した。

C　Ｊ名義口座の開設時から本件金員の払出しまでの期間において、Ｊ名義口座からの出金はない。

D　本件被相続人は、平成25年以降、Ｊ名義口座への入金が途絶えたことについて、Ｊにその理由を伝えていない。

ハ　Ｊの陳述

請求人が当審判所に提出した令和２年12月19日付のＪの陳述書には、要旨次の記載がある。

(イ)　大学卒業後、ｄ県外での会社勤務を経て、平成５年４月にＮ社に入社して間もなく、本件被相続人とＬとの間に子供がいるなどの二人の関係を知った。その後、Ｌに関する本件被相続人の態度に我慢できなくなり、平成10年７月にＮ社を退職した。そして、Ｙ社へ入社し、平成13年４月に同社○○支店へ転勤となったが、Ｎ社を退職してからは親との連絡を避けていたので○○支店への転勤も一切連絡しなかった。

(ロ)　平成13年８月頃、突然、本件被相続人から毎年○○○○円を贈与する旨の電話があった。

その際、本件被相続人から、使っていない私(Ｊ)の預金口座はないかと聞かれ、そのような口座は持っていないため、そちら（本件被相続人）で作るよう答えたところ、本件被相続人は了解した。

また、税務署に贈与を否認されるのではないかと本件被相続人に伝えたところ、本件被相続人は証文を書くから大丈夫である旨答えた。その後、当該証文

のことについては、すっかり忘れていた。

(ハ) その後、毎年、本件被相続人が○○○○円を私(J)名義の預金口座に入金した頃、本件被相続人から電話で入金した旨を知らされ、礼を言って贈与を受け入れていた。

(ニ) 平成27年のお盆の頃に帰省した際、本件被相続人から本件金員とともにＪ名義預金の通帳と印章を受け取った。

ニ 検討

(イ) 本件贈与証に基づく贈与の成立の有無について

上記１の(3)のハのとおり、本件贈与証は、その記載内容からみて、本件被相続人が、平成13年８月以降、本件子らに対して、それぞれ毎年○○○○円を贈与する意思を表明したものと認められる。

なお、本件被相続人が贈与額を年額○○○○円としたのは、税制改正により平成13年１月１日以降の贈与に係る贈与税の基礎控除が1,100,000円とされたことを踏まえたものであると想定されるところ、本件贈与証に「但し、法律により贈与額が変動した場合は、この金額を見直す。」との記載があることからすると、本件被相続人は、毎年、贈与税がかからない範囲で贈与を履行する意思を有していたことが合理的に推認される。

しかしながら、本件贈与証には、受贈者の署名押印はなく、上記ロの(イ)のとおり、Ｊは、本件調査開始後の令和元年９月まで本件贈与証の存在を認識していなかったことからすると、本件贈与証の存在のみをもって、直ちに、本件被相続人とＪとの間で、本件被相続人による毎年のＪ名義口座への入金に係る贈与が成立していたと認めることはできない。

(ロ) Ｊの陳述の信用性について

Ｊは、上記ハのとおり、平成13年に本件被相続人から電話で毎年贈与する旨の申込みがあり、その後も毎年電話で贈与の連絡を受け、受贈の意思を示していた旨の請求人の主張に沿う陳述を行っている。

そこで、当該Ｊの陳述の信用性について、以下検討する。

Ａ Ｊは、本件被相続人から○○○○円を贈与する旨の申込みがあったとする際に、自身の保有口座を提供することもなく、また、新規の預金口座の開設にも協力していない旨を陳述するのであるが（上記ハの(ロ))、かかる行動は、

Ｊが本件被相続人との関係悪化により、一定期間疎遠であった旨の陳述（上記ハの(イ)）を考慮しても、贈与の申込みを受諾した者がとる行動としては不自然であり、合理的な行動とは評価し得ないものである。

B　また、本件において、本件被相続人は、平成13年にＬを通じてＪ名義口座を開設し、その後も引き続きＪ名義預金の通帳等を管理するとともに（上記１の(3)のニ及び上記ロの(ロ)）、Ｊ名義預金及び本件贈与証の存在をＪに知らせることなく、本件贈与証をＪが本件被相続人と疎遠になる一因となったＬに預けており（上記ロの(イ)）、その後も、平成24年をもって、Ｊに何ら連絡することなく、Ｊ名義口座への入金を停止した（上記１の(3)のニの(ロ)及び上記ロの(ロ)）。そして、本件被相続人は、当該停止から３年ほど経過した平成27年８月、Ｊに対し、Ｊ名義預金の残高全額を払い出した本件金員とともにＪ名義預金の通帳等を手渡したものであるが（上記１の(3)のニの(ハ)及び上記ロの(ロ)）、本件被相続人は、口座開設から上記手渡しまでの約14年間、Ｊに対して、Ｊ名義預金の金融機関名や口座番号も知らせることなく、ＪがＪ名義預金を自由に使用できる状況には置かなかった（上記ロの(ロ)）。

これら一連の経過によれば、本件被相続人は、平成13年にＪ名義口座を開設した当時から平成27年に本件金員とともにＪ名義預金の通帳等をＪに手渡すまでの間、Ｊ名義預金をＪに自由に使用させる意思はなかったと認められる。

かかる当事者の行動及び事実の経過からすれば、Ｊの陳述のうち、本件被相続人から電話で毎年贈与する旨の申込みがあり、その後も毎年、電話で贈与の連絡を受け、その都度、受贈の意思を示していたとする点は、不自然かつ不合理なものといわざるを得ず、他にこれら陳述の内容を直接裏付ける客観的資料もないから、信用することができない。

(ハ)　Ｊが本件被相続人から贈与により取得した財産及び当該財産を取得した時期について

上記(イ)及び(ロ)を併せ考えると、本件において、本件被相続人とＪとの間で、本件被相続人による毎年のＪ名義口座への入金について、当該各入金時における贈与に係る意思の合致（贈与の成立）があったと認めることはできない。

一方、上記(ロ)のＢで述べた一連の事実経過等に加え、我が国において、親が

子に伝えないまま子名義の銀行預金口座を開設の上、金員を積み立てておく事例が少なからず見受けられることに鑑みると、Ｊ名義口座は、本件贈与証に記載したとおりの贈与の履行がされているとの外形を作出するために本件被相続人により開設され、平成27年8月まで本件被相続人自身の支配管理下に置かれていたものと認められるから、Ｊ名義預金は、本件被相続人に帰属する財産であったと認めるのが相当である。

　そして、本件被相続人は、上記1の(3)のニの(ハ)のとおり、平成27年8月、Ｊに対し、Ｊ名義預金の残高全額を払い出した本件金員を手渡し、Ｊはそれを受領していることから、本件被相続人とＪの間においては、平成27年8月に、本件金員に係る贈与が成立するとともに、その履行がされたものと認めるのが相当である。

ホ　請求人の主張について

　請求人は、上記3の(2)の「請求人」欄のハのとおり、本件被相続人とＪとの間で、本件贈与証の作成により包括的に書面による贈与が成立しており、平成13年ないし平成24年の各年において、その受諾及び履行がされているから、Ｊは、各年においてＪ名義口座に係る財産を取得している旨主張する。

　しかしながら、本件贈与証の存在のみをもって、直ちに、本件被相続人とＪとの間で、本件被相続人による毎年のＪ名義口座への入金に係る贈与が成立していたと認めることはできないこと、及び本件被相続人とＪとの間で、本件被相続人による毎年のＪ名義口座への入金について、当該各入金時における贈与に係る意思の合致（贈与の成立）があったと認めることはできないことは、上記ニで述べたとおりである。

　したがって、この点に関する請求人の主張には理由がない。

(3)　争点3（Ｍ名義預金は、本件相続財産に含まれるか否か（具体的には、Ｍ名義預金は本件被相続人とＭのいずれに帰属するものか。）。）について

イ　認定事実

　請求人提出資料、原処分関係資料並びに当審判所の調査及び審理の結果によれば、次の事実が認められる。

(イ)　Ｍは、平成○年○月○日生まれである。

(ロ)　Ｌは、請求人名義預金及びＭ名義預金の通帳及び印章を、口座開設当時から

請求人又はMにそれぞれ引き渡すまで保管していた。

(ハ) M名義口座には、口座開設時から平成24年まで、利息を除き、各年に一度の
〇〇〇〇円の入金以外に入金はない。

ロ 検討

(イ) 本件贈与証に基づく贈与の成立の有無について

上記(2)のニの(イ)のとおり、本件贈与証は、その記載内容からみて、本件被相
続人が、平成13年8月以降、本件子らに対して、それぞれ毎年〇〇〇〇円を贈
与する意思を表明したものと認められる。

そして、Lは、本件被相続人から本件贈与証を預かるとともに(上記(2)のロ
の(イ))、本件被相続人の依頼により本件子ら名義口座に毎年〇〇〇〇円を入金
し(上記1の(3)のニの(ロ))、さらにM名義預金の通帳をMに渡すまでの間、管
理していたことが認められる(上記イの(ロ))。

ところで、Mは、上記イの(イ)のとおり、M名義口座が開設され、毎年の〇〇
〇〇円の入金が開始された平成13年当時は未成年であったところ、上記1の(3)
のイの(ロ)のとおり、Mが本件被相続人に認知されたのは平成27年4月2日であ
るから、平成13年8月10日以降、Mが成年に達する平成〇年〇月までの間にお
けるMの親権者はLのみであった。

そして、民法第824条《財産の管理及び代表》の規定により、Lは、Mが成
年に達するまでは、Mの法定代理人として、その財産に関する法律行為につい
てその子を代表し、その財産を管理する立場にあったと認められる。

そうすると、Lは、平成13年当時、Mの法定代理人として、本件被相続人か
らの本件贈与証による贈与の申込みを受諾し、その結果、平成13年から平成24
年に至るまで、当該贈与契約に基づき、その履行として、Lが管理するM名義
口座に毎年〇〇〇〇円が入金されていたものと認めるのが相当である。

(ロ) M名義預金は本件相続財産か否かについて

上記(イ)のとおり、本件被相続人とMとの間においては、平成13年当時、本件
贈与証に基づく贈与契約が有効に成立していると認められる。

そして、M名義口座は、上記1の(3)のニの(イ)及び(ロ)のとおり、平成13年8月
10日に開設された後、平成13年ないし平成24年までの各年に一度、本件被相続
人からの〇〇〇〇円の入金が認められるほかは、上記イの(ハ)のとおり、利息を

除き、入金は認められないことから、上記贈与契約の履行のために開設された
ものであることは明らかである。

　また、M名義預金の通帳及び印章は、上記イの(ロ)のとおり、当初から、Lが
保管していたものである。

　そうすると、M名義預金は、本件贈与証に基づく入金が開始された当初から、
Lが、Mの代理人として自らの管理下に置いていたものであり、Mが成人に達
した以降も、その保管状況を変更しなかったにすぎないというべきである。

　したがって、M名義預金は、平成13年の口座開設当初から、Mに帰属するも
のと認められるから、本件相続財産には含まれない。

ハ　原処分庁の主張について

(イ)　原処分庁は、上記３の(3)の「原処分庁」欄のロのとおり、Lは、本件贈与証
　の具体的内容を理解しておらず、本件被相続人の指示に従いM名義口座への入
　金を行っていたにすぎないとして、これらの入金が、Mへ贈与されたものと認
　識していたとは認められないことを根拠として、平成13年ないし平成24年の各
　年において本件被相続人とMとの間で贈与契約が成立していたとは認められな
　い旨主張する。

　　しかしながら、本件贈与証の内容は、上記１の(3)のハのとおり、毎年○○○
　○円を贈与するというものであって、その理解が特別困難なものとはいえず、
　また、上記１の(3)のイの(ニ)のとおり、Lは、関連法人の経理担当として勤務し
　ていたことを併せ考えると、Lが本件贈与証の具体的内容を理解していたとみ
　るべきであり、そのことを前提とすると、Lは、自身が手続を行っていた本件
　被相続人の預金口座からM名義口座への資金移動について、本件被相続人から
　Mへの贈与によるものであると認識していたと認めるのが相当である。

　　したがって、この点に関する原処分庁の主張には理由がない。

(ロ)　原処分庁は、上記３の(3)の「原処分庁」欄のハのとおり、Mが、成年に達し
　た以降、本件贈与証の内容を把握していたと認められる証拠はないことや、平
　成30年に銀行印の紛失手続を行ったこと及び本件調査の結果に基づきM名義預
　金を本件相続財産として修正申告したことを根拠として、平成13年ないし平成
　24年の各年において本件被相続人とMとの間で贈与契約が成立していたとは認
　められない旨主張する。

しかしながら、Lが、平成13年当時、Mの法定代理人として、本件被相続人からの本件贈与証による贈与の申込みを受諾していたと認めるのが相当であることは、上記ロの(イ)で述べたとおりである。

したがって、この点に関する原処分庁の主張には理由がない。

(4) 原処分の適法性について

イ 本件各更正処分について

上記(1)ないし(3)のとおり、本件現金は、本件相続財産に含まれ、本件金員は、平成27年に贈与されたものであるから相続開始前3年以内の贈与として相続税法第19条第1項の規定により課税価格に加算すべきである一方、M名義預金は、本件相続財産には該当しない。

これらに基づき、当審判所において、請求人の本件相続税の課税価格及び納付すべき税額を計算すると、別表2の「審判所認定額B」欄のとおりとなる。そうすると、当該請求人の納付すべき税額○○○○円は、本件更正処分2の額を下回ることとなるから、本件各更正処分は、その一部を別紙の「取消額等計算書」のとおり取り消すべきである。

なお、本件各更正処分のその他の部分については、請求人は争わず、当審判所に提出された証拠資料等によってもこれを不相当とする理由は認められない。

ロ 本件賦課決定処分について

上記イのとおり、本件各更正処分は、その一部を取り消すべきであり、また、Jが本件相続の開始前3年以内に本件被相続人から贈与を受けた本件金員の申告漏れに係る部分及びHが本件相続の開始前3年以内に本件被相続人から贈与を受けた財産の申告漏れに係る部分を除き、国税通則法(以下「通則法」という。)第65条《過少申告加算税》第4項に規定する正当な理由があるとは認められないところ、これらに基づき、当審判所において、過少申告加算税の計算の基礎となるべき税額を計算すると、別表3の⑭欄のとおり○○○○円となる。

そして、請求人の過少申告加算税の額を通則法第65条第1項の規定に基づき計算すると、○○○○円となる。

したがって、本件賦課決定処分は、その一部を別紙の「取消額等計算書」のとおり取り消すべきである。

(5) 本件変更決定処分に対する審査請求について

通則法第75条《国税に関する処分についての不服申立て》第1項に規定する不服申立ての対象となる処分は、不服申立人の権利又は利益を侵害するものでなければならず、その処分が権利又は利益を侵害する処分であるか否かについては、当該処分により納付すべき税額の総額が増額したか否かにより判断すべきであるところ、本件変更決定処分は、請求人の納付すべき過少申告加算税の額を減額する処分であるから、請求人の権利又は利益を侵害するものとはいえない。

　したがって、本件変更決定処分の取消しを求める利益はなく、当該処分に対する審査請求は、請求の利益を欠く不適法なものである。

(6)　結論

　よって、審査請求には理由があるから、原処分の一部を取り消すこととする。

別表1　審査請求に至る経緯（省略）

別表2　課税価格及び納付すべき税額等（審判所認定額）（省略）

別表2付表　未分割財産の取得割合等（審判所認定割合等）（省略）

別表3　加算税の基礎となる税額（審判所認定額）（省略）

別紙　取消額等計算書（省略）

事例5 （相続税の課税財産の認定　預貯金等　預貯金）

　　被相続人が毎年一定額を入金していた請求人名義の預金口座に係る預金は相続財産
に含まれないと認定した事例（①平成29年1月相続開始に係る相続税の更正処分及び
更正の請求に対する更正処分、②平成29年1月相続開始に係る相続税の過少申告加算
税の各賦課決定処分、③平成29年1月相続開始に係る相続税の過少申告加算税の変更
決定処分・①一部取消し、②全部取消し、一部取消し、③却下・令和3年9月17日裁
決）

《ポイント》

　　本事例は、被相続人が、毎年一定の金額を当時未成年であった請求人に贈与する旨
を記した贈与証を作成した上で、請求人の唯一の法定代理人である母を介し、請求人
名義の普通預金口座に毎年入金していたことにつき、当該母が、その贈与証に基づく
贈与を受諾し、入金していたものであるから、当該口座に係る預金は請求人に帰属す
る財産であり、相続財産には含まれないと認定したものである。

《要旨》

　　原処分庁は、請求人の亡父（被相続人）が、毎年一定の金額を当時未成年であった請
求人に贈与する旨を記した贈与証（本件贈与証）を作成した上で、請求人の母を介し、
請求人名義の普通預金口座（本件預金口座）に平成13年から平成24年までの間、毎年入
金していたことについて、請求人の母は、本件贈与証の具体的内容を理解しておらず、
被相続人の指示に従い本件預金口座に入金していたにすぎず、当該入金が請求人へ贈与
されたものとは認識していないから、被相続人から請求人への贈与は成立しておらず、
本件預金口座に係る預金は被相続人の相続財産に含まれる旨主張する。

　　しかしながら、本件贈与証の内容は、その理解が特別困難なものとはいえない上、請
求人の母は、本件贈与証を預かるとともに、被相続人の依頼により本件預金口座へ毎年
入金し、本件預金口座の通帳等を口座開設当時から管理していたことからすれば、平成
13年当時、請求人の唯一の親権者であった請求人の母は、請求人の法定代理人として、
本件贈与証による贈与の申込みを受諾し、その履行として本件預金口座へ毎年入金して
いたと認めるのが相当であり、また、本件預金口座には、利息を除き、毎年の入金以外

に入金はないから、本件預金口座に係る預金は、平成13年の口座開設当初から請求人に帰属するものであって、相続財産には含まれない。

（令和3年9月17日裁決）

《裁決書（抄）》

1　事　実

(1)　事案の概要

　　本件は、審査請求人（以下「請求人」という。）が、相続税の修正申告において課税価格に加算した請求人及び兄名義の普通預金は、いずれも相続開始日の3年より前に被相続人から贈与されたものであるから、相続税の課税対象ではないとして更正の請求をしたところ、原処分庁が、兄名義の預金についてのみを認める減額更正処分等を行ったことに対し、請求人が、請求人名義の預金も請求人の母が親権者として受贈済みであるから原処分庁の認定には誤りがあるなどとして、原処分の一部の取消しを求めた事案である。

(2)　関係法令

　イ　相続税法第19条《相続開始前3年以内に贈与があった場合の相続税額》第1項は、相続又は遺贈により財産を取得した者が当該相続の開始前3年以内に当該相続に係る被相続人から贈与により財産を取得したことがある場合においては、その者については、当該贈与により取得した財産の価額を相続税の課税価格に加算した価額を相続税の課税価格とみなし、同法第15条から第18条までの規定を適用して算出した金額をもって、その納付すべき相続税額とする旨規定している。

　ロ　民法（平成29年6月2日法律第44号による改正前のもの。）第549条《贈与》は、贈与は、当事者の一方が自己の財産を無償で相手方に与える意思を表示し、相手方が受諾をすることによって、その効力を生ずる旨規定している。

　　同法第550条《書面によらない贈与の撤回》は、書面によらない贈与は、各当事者が撤回することができるが、履行の終わった部分については、この限りでない旨規定している。

(3)　基礎事実

　　当審判所の調査及び審理の結果によれば、次の事実が認められる。

　イ　被相続人及び相続人等について

　　(イ)　G（以下「本件被相続人」という。）は、平成29年1月○日（以下「本件相続開始日」という。）に死亡し、その相続（以下「本件相続」という。）が開始した。

㈑ 本件相続に係る共同相続人は、本件被相続人の妻であるH、本件被相続人と Hの子であるJ及びK、並びに本件被相続人とLの子である請求人及びMの5 名（以下、本件被相続人の子4名を併せて「本件子ら」といい、Hと本件子ら を併せて「相続人ら」という。）である。

なお、本件被相続人は、平成27年4月2日、請求人及びMを認知した。

㈒ 本件被相続人は、N社及びP社の代表取締役並びに社会福祉法人Qの財務担 当の理事を務めるとともに、平成27年5月のKへの役員変更までは、R社の代 表取締役を務めていた。

㈓ Lは、S社の代表取締役を務めるとともに、上記㈒のN社ほか3法人及びS 社（以下、これらの5法人を併せて「関連法人」という。）の経理事務を担当 していた。

㈔ Jは、平成29年1月22日、N社の代表取締役に就任した。

ロ　現金の発見について

Jは、平成29年秋頃、N社の事務室内に並べて置かれた2つの金庫のうち、小 さい方の金庫（以下、この金庫を「本件金庫」といい、もう一方の金庫を「本件 大金庫」という。）に保管されていた現金〇〇〇〇円（以下「本件現金」とい う。）を発見した。

ハ　「贈与証」と題する書面について

本件被相続人は、生前、平成13年8月吉日付の「贈与証」と題する書面（以下 「本件贈与証」という。）を作成した。本件贈与証には、「私は、平成拾参年度よ り以後、毎年八月中に左記の四名の者に金、〇〇〇〇円也を各々に贈与する。但 し、法律により贈与額が変動した場合は、この金額を見直す。」と記載されてお り、本件子らの住所及び氏名が記載された上、本件被相続人の署名押印がされて いた。

なお、本件贈与証には、本件子らの署名押印はいずれもなかった。

ニ　本件子ら名義の普通預金口座について

㈑ Lは、平成13年8月10日、本件被相続人の依頼により、T銀行〇〇支店にお いて、次のとおりの各普通預金口座（以下、これらの普通預金口座を併せて 「本件子ら名義口座」という。）を開設した。

A　J名義の普通預金口座（口座番号〇〇〇〇。以下「J名義口座」といい、

J名義口座に係る預金を「J名義預金」という。）

B　K名義の普通預金口座（口座番号○○○○。以下、当該口座に係る預金を「K名義預金」という。）

C　M名義の普通預金口座（口座番号○○○○。以下、当該口座に係る預金を「M名義預金」という。）

D　請求人の旧姓名義の普通預金口座（口座番号○○○○。以下「請求人名義口座」といい、請求人名義口座に係る預金を「請求人名義預金」という。）

㈢　Lは、平成13年ないし平成24年の各年に一度、本件被相続人から依頼され、U銀行○○支店の本件被相続人名義の普通預金口座（口座番号○○○○）又は同行○○出張所の同人名義の普通預金口座（口座番号○○○○）から現金○○○○円を出金し、本件子ら名義口座にそれぞれ○○○○円を入金した。

なお、本件子ら名義口座への各年の入金日は、平成13年8月10日、平成14年5月13日、平成15年6月25日、平成16年11月9日、平成17年11月16日、平成18年8月4日、平成19年6月15日、平成20年8月12日、平成21年6月25日、平成22年5月28日、平成23年8月8日、平成24年6月28日であった。

㈣　Lは、平成27年6月1日、本件被相続人の依頼により、J名義預金の残高○○○○円の全額を現金で払い出し、J名義預金の通帳とともに本件被相続人に引き渡した（以下、この払い出した金員を「本件金員」という。）。

また、本件被相続人は、平成27年8月、N社の事務所において、本件金員とともにJ名義預金の通帳をJに対して手渡した。

㈤　M名義預金は、平成28年2月24日に当該預金に係る口座から○○○○円が出金されており、本件相続開始日時点の残高は○○○○円であった。

また、K名義預金及び請求人名義預金の本件相続開始日時点の残高は、いずれも○○○○円であった。

(4)　審査請求に至る経緯

イ　請求人は、本件相続に係る相続税（以下「本件相続税」という。）の申告書の作成をV税理士（以下「本件税理士」という。）に依頼し、別表1の「申告」欄のとおり記載した相続税の申告書（以下「本件申告書」という。）を他の相続人らとともに法定申告期限までに提出した。

なお、本件申告書において、本件現金、K名義預金、M名義預金、請求人名義

預金及び本件金員は、いずれも本件相続税の課税価格の計算の基礎となる財産に含まれていない。

ロ 請求人は、原処分庁所属の調査担当職員（以下「調査担当者」という。）による調査（以下「本件調査」という。）を受け、令和2年6月9日、K名義預金及び請求人名義預金は本件相続に係る相続財産（以下「本件相続財産」という。）であり、M名義預金についても、Mが本件被相続人から相続開始前3年以内に贈与されたものであったなどとして、これらを反映した別表1の「修正申告」欄のとおり記載した修正申告書（以下「本件修正申告書」という。）を原処分庁に提出した。

ハ 原処分庁は、本件修正申告書に基づき、令和2年6月30日付で、別表1の「賦課決定処分」欄のとおり、過少申告加算税の賦課決定処分（以下「本件賦課決定処分1」という。）をした。

ニ 併せて、原処分庁は、令和2年6月30日付で、本件修正申告書においては、本件現金が本件相続財産に含まれておらず、本件金員が本件相続の開始前3年以内にJに贈与されたものであることが反映されていないとして、別表1の「更正処分等」欄のとおり、更正処分（以下「本件更正処分1」という。）及び過少申告加算税の賦課決定処分をした。

ホ 請求人は、令和2年10月15日、原処分庁に対し、M名義預金及び請求人名義預金については、いずれも本件相続開始日の3年より前に贈与されたものであったとして、本件相続税について別表1の「更正の請求」欄のとおりとすべき旨の更正の請求をした。

　これに対し、原処分庁は、令和3年1月8日付で、M名義預金に係る部分については、更正の請求を認め、請求人名義預金に係る部分については更正の請求に理由がないとして、別表1の「更正処分等（減額）」欄のとおり、減額更正処分（以下「本件更正処分2」といい、本件更正処分1及び本件更正処分2を併せて「本件各更正処分」という。）をし、これに伴う過少申告加算税の変更決定処分（以下「本件変更決定処分」といい、本件変更決定処分後の上記ニの賦課決定処分を「本件賦課決定処分2」という。また、本件賦課決定処分1及び本件賦課決定処分2を併せて、以下「本件各賦課決定処分」という。）をした。

へ 請求人は、令和3年2月18日、本件更正処分2及び本件変更決定処分に不服が

あるとして審査請求をした。

　なお、本件賦課決定処分１、本件更正処分１及び本件賦課決定処分２について
も併せ審理する。

2　争　点

(1)　本件現金は、本件相続財産に含まれるか否か（争点１）。

(2)　本件被相続人からＪに対しＪ名義口座に係る財産が贈与された時期はいつか（争
点２）。

(3)　請求人名義預金は、本件相続財産に含まれるか否か（具体的には、請求人名義預
金は本件被相続人と請求人のいずれに帰属するものか。）（争点３）。

3　争点についての主張

(1)　争点１（本件現金は、本件相続財産に含まれるか否か。）について

原処分庁	請求人
以下のとおり、本件現金は、本件被相続人が管理していたものであり、本件被相続人に帰属する財産であるから本件相続財産を構成する。	以下のとおり、本件現金が本件被相続人の財産であるとの認定はできないから、本件相続財産に含めることはできない。
イ　本件現金が保管されていた本件金庫の鍵は、本件被相続人がＸ病院に入院するまでは本件被相続人が、本件被相続人が入院してからはＬが、本件相続開始日以降はＪがそれぞれ管理していた。	イ　本件被相続人が本件現金を保管・管理していたとしても、このことをもって、本件現金が本件相続財産であると決めつけることはできない。
そして、本件現金は、ＪのＮ社代表取締役就任後にその存在が発覚したものであるが、Ｊ及びＬは、本件現金の原資について把握していなかった。	ロ　また、本件金庫は、Ｎ社の所有物として同社の使用済の預金通帳を保管するなど、同社の金庫としての機能を中心に利用されており、本件被相続人の個人的な預金通帳が本件金庫の隅に混在していたにすぎず、本件被相続人の個人的な預金通帳等を保管するために存在していたものではないから、本件現金が本件相続財産であると認定する
そうすると、本件金庫に本件現金を保管していたのは、Ｊ及びＬではなく、本件金庫の鍵を保管していた本件	

被相続人であったと認められる。

ロ　そして、本件現金は、本件被相続人の個人的な預金通帳等とともに本件金庫内に保管されていた一方で、関連法人の経理を担当していたLが、本件調査において調査担当者に対し、「本件現金は会社のものではない」旨申述していることからすると、本件現金は少なくとも関連法人のものではないと認められる。

ハ　上記のことに加え、本件被相続人は、平成28年6月27日に、S社から返済を受けた○○○○円のうち、○○○○円をLに贈与しており、残額の○○○○円と本件現金の額が一致することからすれば、上記返済金の一部が本件現金の原資と推認される。

ことはできない。

ハ　さらに、Lは、本件被相続人の全ての行動、取引内容を網羅的に把握できるだけの強力な立場や権限を有していないから、本件調査における「本件現金は私の知る限り会社のものではない」旨のLの申述をもって、本件現金が関連法人のものではないと認定することはできない。

(2)　争点2（本件被相続人からJに対しJ名義口座に係る財産が贈与された時期はいつか。）について

原処分庁	請求人
以下のとおり、J名義口座を用いた本件被相続人からJへの贈与（以下「本件贈与」という。）について、Jと本件被相続人の間で、本件贈与証による贈与は成立しておらず、Jが本件贈与により財産を取得した時期は、本件被相続人から本件金員を受領した平成27年である。 イ　贈与の態様について	以下のとおり、本件贈与証が作成される過程において、本件被相続人とJとの間で、包括的に書面による贈与が成立しており、平成13年ないし平成24年の各年において、その受諾及び履行がされているから、Jは、各年においてJ名義口座に係る財産を取得している。 イ　贈与の態様について

書面による贈与が成立したと認められるためには、その前提として贈与者と受贈者の合意が求められ、その上で贈与者の意思表示が書面によりされていることが必要となる。

よって、いかに贈与者の意思表示が書面により確認されたとしても、Ｊが、本件贈与証に対する受諾の意思表示をしていたと認められる証拠がなく、本件贈与証による当事者間における贈与の意思の合致が認められない場合には、本件被相続人とＪの間で書面による贈与契約は成立していないことになるから、本件贈与は、書面によらない贈与となる。

ロ　本件贈与証による贈与の成立について

(イ)　Ｊが本件贈与証の存在及びその具体的な内容を知ったのは本件相続開始日以降であり、それ以前に贈与の目的物や履行の時期を了知していたと認められる証拠はなく、本件贈与証に対する受贈の意思表示をしていたとは認められない。

(ロ)　また、贈与契約が成立した場合、受贈者は取得した財産を自由に管理及び処分できるはずであるが、Ｊ名義預金は、平成27年に預金通帳とともに本件金員がＪへ渡されるまで本

本件贈与証による贈与は、民法第550条の書面の解釈からすれば、書面による贈与であり、贈与の時期は、贈与契約の効力が発生した時である。

ロ　本件贈与証による贈与の成立について

(イ)　本件被相続人は、暦年贈与を平成13年8月から開始することを決意し、その旨をＪに口頭で申し出て、その贈与意思の証拠として本件贈与証を作成し、平成13年ないし平成24年の間、毎年贈与を履行した。

(ロ)　また、Ｊ名義口座は、Ｊの依頼により本件被相続人が開設し、その預金通帳及び銀行印も本件被相続人に預託されていたものであり、本件被相続人は、毎年、○○○○円をＪ名義口座に入金する都度、贈与する旨

— 127 —

件被相続人が管理しており、J名義預金を自由に処分できるのは本件被相続人のみであった。そして、Jは、本件贈与を受諾していたと申述する一方、J名義預金の管理運用に関心を何ら示さず、J名義預金の詳細や本件贈与証に基づく贈与が履行されているか否かを預金通帳で確認すらできない状態にあった。

(ハ) これらの客観的事実からしても、本件被相続人とJとの間で本件贈与証による贈与が成立していたとは認められない。

ハ 本件贈与の成立時期について

　上記ロのとおり、平成13年ないし平成24年の期間において、本件被相続人とJとの間で本件贈与証による贈与が成立していたとは認められない。

　一方、Jは、平成27年に本件金員及びJ名義預金の通帳の交付を受けており、これにより具体的な本件贈与の事実を把握するとともに、受贈の意思表示をしたものと認められるから、本件贈与は、平成27年に成立したものである。

をJに通知し、Jはこれを受諾していた。

(ハ) したがって、平成13年から平成24年の間、本件贈与証による暦年贈与が成立していた。

(ニ) なお、Jは、本件調査時から、本件相続とは関係がないと思っていたから本件贈与について調査担当者に伝えなかった旨を申述しており、Jの申述等は、本審査請求の展開に合わせて変遷又は新たになされたものでなく、当初から一貫しており、不自然なものでもない。

ハ 本件贈与の成立時期について

　上記ロのとおり、本件贈与証の作成により書面による贈与が包括的に成立し、その後、毎年J名義口座に入金される都度、その書面による贈与が具体的に確定しているから、平成13年ないし平成24年の各年において、Jに対する暦年贈与が成立し、その履行も終えていた。

(3) 争点3（請求人名義預金は、本件相続財産に含まれるか否か（具体的には、請求人名義預金は本件被相続人と請求人のいずれに帰属するものか。）。）について

請求人	原処分庁

以下のとおり、平成13年ないし平成24年の各年において、本件被相続人から請求人への本件贈与証による贈与が成立しているから、請求人名義預金は本件相続財産に含まれない。

なお、Lは、平成27年8月頃に、請求人に対し、請求人名義預金の通帳及び銀行印を渡している。

イ　贈与の態様について

　本件贈与証による贈与は、民法第550条の書面の解釈からすれば、書面による贈与であり、贈与の時期は、贈与契約の効力の発生した時である。

ロ　本件贈与証による贈与の成立について（平成13年ないし平成○年）

　(イ)　請求人は、本件贈与証が作成された平成13年8月当時は未成年者であり、本件被相続人に認知された平成27年4月2日まではLが唯一の親権者として財産管理権を有していた。

　(ロ)　そして、Lは、本件贈与証の作成当時に本件被相続人から本件贈与証を見せられ、その贈与を受諾した。

以下のとおり、平成13年ないし平成24年の各年において、本件被相続人と請求人の間で贈与契約が成立していたとは認められず、請求人が請求人名義預金の通帳を実際に取得した時期は平成30年と認められるから、請求人名義預金は、本件相続開始日時点において、本件被相続人に帰属し、本件相続財産に含まれる。

イ　贈与の態様について

　書面による贈与が成立したと認められるためには、その前提として贈与者と受贈者の合意が求められ、その上で贈与者の意思表示が書面によりされていることが必要となる。

　よって、いかに贈与者の意思表示が書面により確認されたとしても、当事者間における贈与の意思の合致が認められない場合は、贈与契約自体が成立しないこととなる。

ロ　本件贈与証による贈与の成立について（平成13年ないし平成○年）

　(イ)　Lは、本件被相続人の指示に基づき請求人名義口座への入金を行っていただけであった旨申述しており、請求人名義預金の通帳を請求人に渡す際には、本件被相続人が請求人のために積み立てていた金員である旨を説明していたことが認められることからすると、本件贈与証の存在を

(ハ)　その後、Lは、本件贈与証に基づく贈与の履行補助者として、毎年、本件被相続人に命じられ、本件子ら名義口座へそれぞれ〇〇〇〇円の入金を行うとともに、請求人の親権者として各年の贈与を受諾していた。

(ニ)　そうすると、平成13年ないし平成〇年の各年において本件贈与証による贈与が成立していた。

ハ　本件贈与証による贈与の成立について（平成〇年ないし平成24年）

(イ)　Lは、請求人が成年に達した頃に、毎年本件被相続人から贈与を受けていることを伝えた上で、当時、学生であった請求人の事務受託者として請求人名義預金の通帳及び銀行印を保管していた。

(ロ)　請求人が成年に達した後も、Lを履行補助者として請求人名義口座に〇〇〇〇円が入金されており、本件贈与証による意思表示を起点として一連の贈与が履行されていた。

(ハ)　したがって、履行により贈与が取消しできない状態となっており、請

認識していたものの、その具体的内容を理解していなかった。

(ロ)　そうすると、Lは、自身が行っていた請求人名義口座への入金が、請求人へ贈与されていたものであると認識していたとは認められず、本件被相続人の指示に従い本件子ら名義口座へ各〇〇〇〇円の資金移動を行っていたにすぎない。

(ハ)　したがって、Lが、請求人が未成年者であった期間において、本件被相続人から請求人への贈与を受諾していたとは認められず、本件贈与証による贈与は成立していない。

ハ　本件贈与証による贈与の成立について（平成〇年ないし平成24年）

(イ)　請求人が成年に達した以降、請求人が本件贈与証の内容を把握していたと認められる証拠はない。

(ロ)　そして、請求人は、①平成30年に請求人名義預金に係る銀行印の紛失届の手続を行い、②本件調査の結果に基づき請求人名義預金を本件相続財産として記載した修正申告をしたことからすると、請求人が、請求人名義預金の通帳を実際に取得したのは平成30年であったと認められる。

(ハ)　したがって、請求人の成年後も本件贈与証による贈与が成立していた

| 求人の成年後も上記ロと同様に本件 | とは認められない。 |
| 贈与証による贈与が成立している。 | |

4 当審判所の判断

(1) 争点1 (本件現金は、本件相続財産に含まれるか否か。) について

　イ　認定事実

　　　請求人提出資料、原処分関係資料並びに当審判所の調査及び審理の結果によれば、次の事実が認められる。

　(イ)　本件金庫の鍵の管理は、本件被相続人が平成28年8月4日にX病院へ入院するまでは本件被相続人が、その後平成29年3月中旬にJの妻がN社に着任するまではLが、Jの妻のN社着任後はJの妻が行っていた。

　　　なお、Jが平成29年1月にN社の代表取締役に就任した後は、Jが本件金庫の使用の許可を行い、金庫の開閉等をJの妻及びLに指示していた。

　(ロ)　本件金庫には、Jが本件現金を発見した当時、本件現金のほか、関連法人及び本件被相続人の使用済の預金通帳が保管されていた。

　(ハ)　本件大金庫には、関連法人の業務において日常的に必要とされる現金、預金通帳、印章及び契約書類などが保管されていた。

　　　なお、本件申告書に記載された財産のうち、有価証券に係る書類や使用中の預金通帳は、本件相続開始日時点において、本件被相続人の自宅には保管されておらず、全て本件大金庫に保管されていた。

　(ニ)　Jは、本件現金を発見するまで、その存在を知らず、Lも本件金庫に本件現金が保管されていることを知らなかった。

　(ホ)　本件被相続人は、平成28年6月27日、N社の事務所内において、S社に対する貸付金の返済として、Lから現金○○○○円 (以下「本件返済金」という。) を受領した。

　　　また、Lは、平成28年7月初旬、本件被相続人から現金○○○○円の贈与を受けた。

　(ヘ)　調査担当者は、本件調査において、本件税理士に対し、本件返済金について照会したところ、令和元年8月26日、本件税理士を通じ、本件被相続人がLに○○○○円を贈与した事実と併せて、本件現金の存在を了知した。

なお、調査担当者は、令和元年10月4日、Lから、本件現金は本件返済金の
　一部（本件返済金のうち、本件被相続人がLに贈与した分を控除した残額）か
　もしれないと本件税理士に説明した旨の申述を得た。
　(ト)　本件現金は、令和2年5月8日、N社の会計帳簿の預り金勘定に計上された。
　　なお、同日以前において、関連法人のいずれの会計帳簿にも本件現金の計上は
　　なかった。
ロ　検討
　(イ)　本件現金の保管・管理状況について
　　　本件金庫の鍵は、上記イの(イ)のとおり管理され、本件金庫の開閉ができる者
　　は限られており、また、JがN社の代表取締役に就任してからは、Jの許可な
　　しに本件金庫を使用できなかったことからすると、本件金庫に本件現金を保管
　　することができたのは、それ以前に鍵を管理していた本件被相続人又はLであ
　　ったと認められる。
　　　そして、上記イの(ニ)のとおり、Lは、Jが本件現金を発見するまで本件金庫
　　に本件現金が保管されていることを知らなかった。
　　　そうすると、本件現金を本件金庫に保管し、管理していたのは、本件被相続
　　人であったと認められる。
　(ロ)　本件金庫及び本件大金庫の使用状況について
　　　上記イの(ロ)及び(ハ)のとおり、本件金庫には、関連法人及び本件被相続人の使
　　用済の預金通帳が保管されており、本件大金庫には、関連法人の業務に係る預
　　金通帳、書類等のほか、本件被相続人の個人的な預金通帳等が保管されていた。
　　　そうすると、本件被相続人は、関連法人の財産とともに個人的な財産を保管
　　するため、本件金庫及び本件大金庫の双方を使用していたものと認められる。
　(ハ)　本件現金の発見の経緯と関連法人の状況について
　　　本件現金は、上記1の(3)のロのとおり、平成29年の秋頃、N社の事務室内に
　　設置されていた本件金庫内からJが発見したものであるところ、上記イの(ト)の
　　とおり、令和2年5月8日にN社の会計帳簿の預り金勘定に計上されるまで、
　　N社を含む関連法人のいずれの会計帳簿にも計上されていない。そして、関連
　　法人の経理担当者であったLは、上記イの(ニ)のとおり、Jが本件現金を発見す
　　るまで、本件現金が本件金庫に保管されていたことは知らず、また、上記イの

㈱及び㈭のとおり、本件調査において、本件現金は、本件返済金のうち、本件被相続人がLに贈与した分を控除した残額である可能性を示唆してもいる。

この点、一般に、会計帳簿には対象時点又は対象期間における資産負債や損益の状況を正確に示すことが求められているところ、本件現金が関連法人のいずれかの資産であることを裏付ける資料は見当たらないばかりか、関連法人のいずれにも簿外資産や使途不明金の存在をうかがわせる事情は見当たらず、関連法人の経理を担当するLにも本件現金が関連法人に帰属するとの認識はなかった。

そうすると、本件現金の発見以前において、本件現金が関連法人の会計帳簿に資産計上されていなかった点については、関連法人の資産状況等が正しく記帳されているものと認めるのが相当である。

なお、上記イの㈠のとおり、本件調査後の令和2年5月8日に、N社の会計帳簿の預り金勘定に本件現金が計上されてはいるものの、これは、本件調査において、調査担当者の指摘を受け、本件現金の帰属が問題となることを認識した後に行われたものであるから、当該預り金勘定に本件現金が計上されたことは、上記認定を左右しない。

したがって、本件現金は、関連法人のいずれかに帰属するものとは認められない。

㈡　まとめ

以上のとおり、本件現金が関連法人のいずれかに帰属するものであるとは認められないところ、本件現金を本件金庫に保管し、管理していたのが本件被相続人自身であり、本件被相続人が本件金庫及び本件大金庫に本件被相続人の個人的な財産についても保管していたことに加え、本件現金について、本件被相続人が他から預託を受けて保管していた金員であることをうかがわせる事情も見当たらないことに照らせば、本件現金は、本件被相続人が本件被相続人名義の預金通帳とともに本件金庫内に保管していた自らの固有財産と認めるのが相当である。

したがって、本件現金は本件被相続人に帰属するものであり、本件相続財産に含まれると認めるのが相当である。

ハ　請求人の主張について

(イ)　請求人は、上記3の(1)の「請求人」欄のイのとおり、本件被相続人が本件現金を保管・管理していたことをもって、本件現金を本件相続財産とすることはできない旨主張する。

　　しかしながら、本件現金が本件相続財産に含まれると判断されることは上記ロのとおりであり、本件被相続人が本件現金を保管・管理していたことのみをもって判断したものではないから、この点に関する請求人の主張には理由がない。

(ロ)　請求人は、上記3の(1)の「請求人」欄のロのとおり、本件金庫は、N社の所有物であり、同社の金庫としての機能を中心として利用されていたものであり、本件被相続人の個人的な預金通帳等を保管するために存在していたものではないから、本件現金を本件相続財産とすることはできない旨主張する。

　　しかしながら、本件被相続人は、関連法人の財産とともに個人的な財産を保管するため、本件金庫及び本件大金庫の双方を使用していたものと認められることは上記ロの(ロ)のとおりであるから、仮に、本件金庫がN社の金庫としての機能を中心として利用されていたとしても、そのことは、本件現金が本件被相続人に帰属し、本件相続財産に含まれるとの判断を左右するものではない。

　　したがって、この点に関する請求人の主張には理由がない。

(ハ)　請求人は、上記3の(1)の「請求人」欄のハのとおり、本件現金は会社のものではない旨のLの申述をもって、本件現金が関連法人のものではないと認定することはできない旨主張する。

　　しかしながら、本件現金が関連法人のものではないことは上記ロで述べたとおりであり、Lの申述のみをもって判断したものではないから、この点に関する請求人の主張には理由がない。

(2)　争点2（本件被相続人からJに対しJ名義口座に係る財産が贈与された時期はいつか。）について

　イ　法令解釈

　　　贈与は、当事者の一方（贈与者）が自己の財産を無償で相手方に与える意思を表示し、相手方（受贈者）が受諾することによってその効力を生ずる（民法第549条）。もっとも、書面によらない贈与については、履行の終わった部分を除き、各当事者が撤回することができる（民法第550条）。

ロ　認定事実

　　請求人提出資料、原処分関係資料並びに当審判所の調査及び審理の結果によれ
ば、次の事実が認められる。

(イ)　本件贈与証について

　　　Lは、本件子ら名義口座の開設当時、本件被相続人から本件贈与証の保管を
任され、以後、N社事務所内の自己の机の中に保管していたところ、本件調査
開始後の令和元年9月、Jから本件贈与に関する資料がないかとの問合せを受
け、Jに対し本件贈与証を提示し、また、Jは、その時初めて本件贈与証の存
在を認識した。

(ロ)　J名義口座の開設とその後の状況について

　　A　Jは、J名義口座の開設手続や本人確認書類の準備を自ら行ったことはな
　　く、本件被相続人からJ名義預金の存在について知らされていなかった。

　　B　本件被相続人は、平成27年8月、Jに対し、本件金員とともにJ名義預金
　　の通帳と印章を手渡しするまでは、当該通帳等を自ら保管しており、Jは、
　　当該通帳等を手渡された時に初めてJ名義預金の存在を認識した。

　　C　J名義口座の開設時から本件金員の払出しまでの期間において、J名義口
　　座からの出金はない。

　　D　本件被相続人は、平成25年以降、J名義口座への入金が途絶えたことにつ
　　いて、Jにその理由を伝えていない。

ハ　Jの陳述

　　請求人が当審判所に提出した令和2年12月19日付のJの陳述書には、要旨次の
記載がある。

(イ)　大学卒業後、d県外での会社勤務を経て、平成5年4月にN社に入社して間
もなく、本件被相続人とLとの間に子供がいるなどの二人の関係を知った。そ
の後、Lに関する本件被相続人の態度に我慢できなくなり、平成10年7月にN
社を退職した。そして、Y社へ入社し、平成13年4月に同社○○支店へ転勤と
なったが、N社を退職してからは親との連絡を避けていたので○○支店への転
勤も一切連絡しなかった。

(ロ)　平成13年8月頃、突然、本件被相続人から毎年○○○○円を贈与する旨の電
話があった。

その際、本件被相続人から、使っていない私(J)の預金口座はないかと聞かれ、そのような口座は持っていないため、そちら（本件被相続人）で作るよう答えたところ、本件被相続人は了解した。

また、税務署に贈与を否認されるのではないかと本件被相続人に伝えたところ、本件被相続人は証文を書くから大丈夫である旨答えた。その後、当該証文のことについては、すっかり忘れていた。

(ハ)　その後、毎年、本件被相続人が○○○○円を私(J)名義の預金口座に入金した頃、本件被相続人から電話で入金した旨を知らされ、礼を言って贈与を受け入れていた。

(ニ)　平成27年のお盆の頃に帰省した際、本件被相続人から本件金員とともにJ名義預金の通帳と印章を受け取った。

二　検討

(イ)　本件贈与証に基づく贈与の成立の有無について

上記1の(3)のハのとおり、本件贈与証は、その記載内容からみて、本件被相続人が、平成13年8月以降、本件子らに対して、それぞれ毎年○○○○円を贈与する意思を表明したものと認められる。

なお、本件被相続人が贈与額を年額○○○○円としたのは、税制改正により平成13年1月1日以降の贈与に係る贈与税の基礎控除が1,100,000円とされたことを踏まえたものであると想定されるところ、本件贈与証に「但し、法律により贈与額が変動した場合は、この金額を見直す。」との記載があることからすると、本件被相続人は、毎年、贈与税がかからない範囲で贈与を履行する意思を有していたことが合理的に推認される。

しかしながら、本件贈与証には、受贈者の署名押印はなく、上記ロの(イ)のとおり、Jは、本件調査開始後の令和元年9月まで本件贈与証の存在を認識していなかったことからすると、本件贈与証の存在のみをもって、直ちに、本件被相続人とJとの間で、本件被相続人による毎年のJ名義口座への入金に係る贈与が成立していたと認めることはできない。

(ロ)　Jの陳述の信用性について

Jは、上記ハのとおり、平成13年に本件被相続人から電話で毎年贈与する旨の申込みがあり、その後も毎年電話で贈与の連絡を受け、受贈の意思を示して

いた旨の請求人の主張に沿う陳述を行っている。

　そこで、当該Ｊの陳述の信用性について、以下検討する。

Ａ　Ｊは、本件被相続人から○○○○円を贈与する旨の申込みがあったとする
　際に、自身の保有口座を提供することもなく、また、新規の預金口座の開設
　にも協力していない旨を陳述するのであるが（上記ハの(ロ)）、かかる行動は、
　Ｊが本件被相続人との関係悪化により、一定期間疎遠であった旨の陳述（上
　記ハの(イ)）を考慮しても、贈与の申込みを受諾した者がとる行動としては不
　自然であり、合理的な行動とは評価し得ないものである。

Ｂ　また、本件において、本件被相続人は、平成13年にＬを通じてＪ名義口座
　を開設し、その後も引き続きＪ名義預金の通帳等を管理するとともに（上記
　１の(3)のニ及び上記ロの(ロ)）、Ｊ名義預金及び本件贈与証の存在をＪに知ら
　せることなく、本件贈与証をＪが本件被相続人と疎遠になる一因となったＬ
　に預けており（上記ロの(イ)）、その後も、平成24年をもって、Ｊに何ら連絡
　することなく、Ｊ名義口座への入金を停止した（上記１の(3)のニの(ロ)及び上
　記ロの(ロ)）。そして、本件被相続人は、当該停止から３年ほど経過した平成
　27年８月、Ｊに対し、Ｊ名義預金の残高全額を払い出した本件金員とともに
　Ｊ名義預金の通帳等を手渡したものであるが（上記１の(3)のニの(ハ)及び上記
　ロの(ロ)）、本件被相続人は、口座開設から上記手渡しまでの約14年間、Ｊに
　対して、Ｊ名義預金の金融機関名や口座番号も知らせることなく、ＪがＪ名
　義預金を自由に使用できる状況には置かなかった（上記ロの(ロ)）。

　　これら一連の経過によれば、本件被相続人は、平成13年にＪ名義口座を開
　設した当時から平成27年に本件金員とともにＪ名義預金の通帳等をＪに手渡
　すまでの間、Ｊ名義預金をＪに自由に使用させる意思はなかったと認められ
　る。

　　かかる当事者の行動及び事実の経過からすれば、Ｊの陳述のうち、本件被
　相続人から電話で毎年贈与する旨の申込みがあり、その後も毎年、電話で贈
　与の連絡を受け、その都度、受贈の意思を示していたとする点は、不自然か
　つ不合理なものといわざるを得ず、他にこれら陳述の内容を直接裏付ける客
　観的資料もないから、信用することができない。

(ハ)　Ｊが本件被相続人から贈与により取得した財産及び当該財産を取得した時期

について

　　上記(イ)及び(ロ)を併せ考えると、本件において、本件被相続人とＪとの間で、本件被相続人による毎年のＪ名義口座への入金について、当該各入金時における贈与に係る意思の合致（贈与の成立）があったと認めることはできない。

　　一方、上記(ロ)のＢで述べた一連の事実経過等に加え、我が国において、親が子に伝えないまま子名義の銀行預金口座を開設の上、金員を積み立てておく事例が少なからず見受けられることに鑑みると、Ｊ名義口座は、本件贈与証に記載したとおりの贈与の履行がされているとの外形を作出するために本件被相続人により開設され、平成27年8月まで本件被相続人自身の支配管理下に置かれていたものと認められるから、Ｊ名義預金は、本件被相続人に帰属する財産であったと認めるのが相当である。

　　そして、本件被相続人は、上記1の(3)のニの(ハ)のとおり、平成27年8月、Ｊに対し、Ｊ名義預金の残高全額を払い出した本件金員を手渡し、Ｊはそれを受領していることから、本件被相続人とＪの間においては、平成27年8月に、本件金員に係る贈与が成立するとともに、その履行がされたものと認めるのが相当である。

ホ　請求人の主張について

　　請求人は、上記3の(2)の「請求人」欄のハのとおり、本件被相続人とＪとの間で、本件贈与証の作成により包括的に書面による贈与が成立しており、平成13年ないし平成24年の各年において、その受諾及び履行がされているから、Ｊは、各年においてＪ名義口座に係る財産を取得している旨主張する。

　　しかしながら、本件贈与証の存在のみをもって、直ちに、本件被相続人とＪとの間で、本件被相続人による毎年のＪ名義口座への入金に係る贈与が成立していたと認めることはできないこと、及び本件被相続人とＪとの間で、本件被相続人による毎年のＪ名義口座への入金について、当該各入金時における贈与に係る意思の合致（贈与の成立）があったと認めることはできないことは、上記ニで述べたとおりである。

　　したがって、この点に関する請求人の主張には理由がない。

(3) 争点3（請求人名義預金は、本件相続財産に含まれるか否か（具体的には、請求人名義預金は本件被相続人と請求人のいずれに帰属するものか。）。）について

イ　認定事実

　　請求人提出資料、原処分関係資料並びに当審判所の調査及び審理の結果によれ
　ば、次の事実が認められる。

　(イ)　請求人は、平成○年○月○日生まれである。

　(ロ)　Lは、M名義預金及び請求人名義預金の通帳及び印章を、口座開設当時から
　　　M又は請求人にそれぞれ引き渡すまで保管していた。

　(ハ)　請求人名義口座には、口座開設時から平成24年まで、利息を除き、各年に一
　　　度の○○○○円の入金以外に入金はない。

ロ　検討

　(イ)　本件贈与証に基づく贈与の成立の有無について

　　　上記(2)のニの(イ)のとおり、本件贈与証は、その記載内容からみて、本件被相
　　続人が、平成13年8月以降、本件子らに対して、それぞれ毎年○○○○円を贈
　　与する意思を表明したものと認められる。

　　　そして、Lは、本件被相続人から本件贈与証を預かるとともに（上記(2)のロ
　　の(イ)）、本件被相続人の依頼により本件子ら名義口座に毎年○○○○円を入金
　　し（上記1の(3)のニの(ロ)）、さらに請求人名義預金の通帳を請求人に渡すまで
　　の間、管理していたことが認められる（上記イの(ロ)）。

　　　ところで、請求人は、上記イの(イ)のとおり、請求人名義口座が開設され、毎
　　年の○○○○円の入金が開始された平成13年当時は未成年であったところ、上
　　記1の(3)のイの(ロ)のとおり、請求人が本件被相続人に認知されたのは平成27年
　　4月2日であるから、平成13年8月10日以降、請求人が成年に達する平成○年
　　○月までの間における請求人の親権者はLのみであった。

　　　そして、民法第824条《財産の管理及び代表》の規定により、Lは、請求人
　　が成年に達するまでは、請求人の法定代理人として、その財産に関する法律行
　　為についてその子を代表し、その財産を管理する立場にあったと認められる。

　　　そうすると、Lは、平成13年当時、請求人の法定代理人として、本件被相続
　　人からの本件贈与証による贈与の申込みを受諾し、その結果、平成13年から平
　　成24年に至るまで、当該贈与契約に基づき、その履行として、Lが管理する請
　　求人名義口座に毎年○○○○円が入金されていたものと認めるのが相当である。

　(ロ)　請求人名義預金は本件相続財産か否かについて

上記(イ)のとおり、本件被相続人と請求人との間においては、平成13年当時、本件贈与証に基づく贈与契約が有効に成立していると認められる。

　　そして、請求人名義口座は、上記１の(3)のニの(イ)及び(ロ)のとおり、平成13年８月10日に開設された後、平成13年ないし平成24年までの各年に一度、本件被相続人からの○○○○円の入金が認められるほかは、上記イの(ハ)のとおり、利息を除き、入金は認められないことから、上記贈与契約の履行のために開設されたものであることは明らかである。

　　また、請求人名義預金の通帳及び印章は、上記イの(ロ)のとおり、当初から、Ｌが保管していたものである。

　　そうすると、請求人名義預金は、本件贈与証に基づく入金が開始された当初から、Ｌが、請求人の代理人として自らの管理下に置いていたものであり、請求人が成人に達した以降も、その保管状況を変更しなかったにすぎないというべきである。

　　したがって、請求人名義預金は、平成13年の口座開設当初から、請求人に帰属するものと認められるから、本件相続財産には含まれない。

ハ　原処分庁の主張について

　(イ)　原処分庁は、上記３の(3)の「原処分庁」欄のロのとおり、Ｌは、本件贈与証の具体的内容を理解しておらず、本件被相続人の指示に従い請求人名義口座への入金を行っていたにすぎないとして、これらの入金が、請求人へ贈与されたものと認識していたとは認められないことを根拠として、平成13年ないし平成24年の各年において本件被相続人と請求人との間で贈与契約が成立していたとは認められない旨主張する。

　　しかしながら、本件贈与証の内容は、上記１の(3)のハのとおり、毎年○○○○円を贈与するというものであって、その理解が特別困難なものとはいえず、また、上記１の(3)のイの(ニ)のとおり、Ｌは、関連法人の経理担当として勤務していたことを併せ考えると、Ｌが本件贈与証の具体的内容を理解していたとみるべきであり、そのことを前提とすると、Ｌは、自身が手続を行っていた本件被相続人の預金口座から請求人名義口座への資金移動について、本件被相続人から請求人への贈与によるものであると認識していたと認めるのが相当である。

　　したがって、この点に関する原処分庁の主張には理由がない。

(ロ) 原処分庁は、上記3の(3)の「原処分庁」欄のハのとおり、請求人が、成年に達した以降、本件贈与証の内容を把握していたと認められる証拠はないことや、平成30年に銀行印の紛失手続を行ったこと及び本件調査の結果に基づき請求人名義預金を本件相続財産として修正申告したことを根拠として、平成13年ないし平成24年の各年において本件被相続人と請求人との間で贈与契約が成立していたとは認められない旨主張する。

しかしながら、Lが、平成13年当時、請求人の法定代理人として、本件被相続人からの本件贈与証による贈与の申込みを受諾していたと認めるのが相当であることは、上記ロの(イ)で述べたとおりである。

したがって、この点に関する原処分庁の主張には理由がない。

(4) 原処分の適法性について

イ 本件各更正処分について

上記(1)ないし(3)のとおり、本件現金は、本件相続財産に含まれ、本件金員は、平成27年に贈与されたものであるから相続開始前3年以内の贈与として相続税法第19条第1項の規定により課税価格に加算すべきである一方、請求人名義預金は、本件相続財産には該当しない。

これらに基づき、当審判所において、請求人の本件相続税の課税価格及び納付すべき税額を計算すると、別表2の「審判所認定額B」欄のとおりとなる。そうすると、当該請求人の納付すべき税額○○○○円は、本件更正処分2の額を下回ることとなるから、本件各更正処分は、その一部を別紙の「取消額等計算書」のとおり取り消すべきである。

なお、本件各更正処分のその他の部分については、請求人は争わず、当審判所に提出された証拠資料等によってもこれを不相当とする理由は認められない。

ロ 本件各賦課決定処分について

上記イのとおり、本件各更正処分は、その一部を取り消すべきであり、また、Jが本件相続の開始前3年以内に本件被相続人から贈与を受けた本件金員の申告漏れに係る部分及びHが本件相続の開始前3年以内に本件被相続人から贈与を受けた財産の申告漏れに係る部分を除き、国税通則法（以下「通則法」という。）第65条《過少申告加算税》第4項に規定する正当な理由があるとは認められないところ、これらに基づき、当審判所において、過少申告加算税の計算の基礎とな

るべき税額を計算すると別表３の⑭欄のとおり○○○○円となる。

　　　そして、請求人の過少申告加算税の額を通則法第65条第１項の規定に基づき計算すると、○○○○円となる。

　　　したがって、本件各賦課決定処分は、別紙の「取消額等計算書」のとおり、本件賦課決定処分２の全部を取り消し、本件賦課決定処分１の一部を取り消すべきである。

(5)　本件変更決定処分に対する審査請求について

　　　通則法第75条《国税に関する処分についての不服申立て》第１項に規定する不服申立ての対象となる処分は、不服申立人の権利又は利益を侵害するものでなければならず、その処分が権利又は利益を侵害する処分であるか否かについては、当該処分により納付すべき税額の総額が増額したか否かにより判断すべきであるところ、本件変更決定処分は、請求人の納付すべき過少申告加算税の額を減額する処分であるから、請求人の権利又は利益を侵害するものとはいえない。

　　　したがって、本件変更決定処分の取消しを求める利益はなく、当該処分に対する審査請求は、請求の利益を欠く不適法なものである。

(6)　結論

　　　よって、審査請求には理由があるから、原処分の一部を取り消すこととする。

別表 1　審査請求に至る経緯（省略）

別表 2　課税価格及び納付すべき税額等（審判所認定額）（省略）

付表　未分割財産の取得割合等（審判所認定割合等）（省略）

別表 3　加算税の基礎となる税額（審判所認定額）（省略）

別紙　取消額等計算書（省略）

事例6 （贈与税の課税価格の計算　課税価格の計算　その他の利益に係る課税価格）

> 　請求人の夫名義の預金口座から請求人名義の証券口座に金員が入金されたことは、
> 相続税法第9条に規定する対価を支払わないで利益を受けた場合に該当しないとした
> 事例（平成27年分の贈与税の決定処分及び無申告加算税の賦課決定処分・全部取消
> し・令和3年7月12日裁決）
>
> 《ポイント》
> 　本事例は、請求人の夫名義の預金口座から請求人名義の証券口座に金員が入金され
> たことは、本件の各事情を考慮すれば、当該請求人名義の証券口座において夫の財産
> がそのまま管理されていたものと評価するのが相当であるとして、相続税法第9条に
> 規定する対価を支払わないで利益を受けた場合に該当しないと判断したものである。

《要旨》

　原処分庁は、請求人の夫名義の預金口座からの金員が入金（本件入金）された請求人
名義の証券口座（本件口座）について、①請求人自身の判断で取引を行っていたこと、
②本件口座の投資信託の分配金が請求人名義の普通預金口座に入金されていたこと、③
当該分配金等を請求人の所得として確定申告がされていたことから、本件入金は、相続
税法第9条に規定する対価を支払わないで利益を受けた場合に該当する旨主張する。

　しかしながら、①請求人は、本件入金の前後を通じて夫の財産の管理を主体的に行っ
ており、その管理に係る全部の財産について請求人に帰属していたものと認めることは
できないから、本件口座において請求人自身の判断で取引を行った事実をもって利益を
受けたと認めることはできない上、②分配金等の入金があっても、請求人が私的に費消
した事実が認められない本件においては、これを管理・運用していたとの評価の範疇を
超えるものとはいえず、③確定申告をしたことは、申告をすれば税金が還付されるとの
銀行員の教示に従い深く考えずに行ったものとの請求人の主張が不自然とまではいえず、
殊更重要視すべきものとは認められないことなどの各事情を考慮すれば、本件入金によ
っても、夫の財産は、本件口座においてそのまま管理されていたものと評価するのが相
当であるため、本件入金は、請求人に贈与と同様の経済的利益の移転があったものと認
めることはできず、相続税法第9条に規定する対価を支払わないで利益を受けた場合に

該当しない。

《参照条文等》

　相続税法第 9 条

《参考判決・裁決》

　東京高裁平成21年 4 月16日判決（税資259号順号11182）

（令和3年7月12日裁決）

《裁決書（抄）》

1 事　実

(1)　事案の概要

　　本件は、原処分庁が、審査請求人（以下「請求人」という。）の夫名義の預金口座から出金され請求人名義の預金口座等に入金された金員に相当する金額について、相続税法第9条に規定する対価を支払わないで利益を受けた場合に該当するとして、請求人に対し贈与税の決定処分等をしたところ、請求人が、当該金員の財産的な移転はなく、請求人は何らの利益を受けていないとして、その全部の取消しを求めた事案である。

(2)　関係法令

　　相続税法第9条本文は、同法第5条《贈与により取得したものとみなす場合》から第8条まで及び同法第1章第3節《信託に関する特例》に規定する場合を除くほか、対価を支払わないで、又は著しく低い価額の対価で利益を受けた場合においては、当該利益を受けた時において、当該利益を受けた者が、当該利益を受けた時における当該利益の価額に相当する金額を、当該利益を受けさせた者から贈与により取得したものとみなす旨規定している。

(3)　基礎事実及び審査請求に至る経緯

　　当審判所の調査及び審理の結果によれば、以下の事実が認められる。

　イ　請求人は、H（以下「夫H」という。）の妻である。

　ロ　請求人は、平成27年3月9日、J証券○○支店に請求人名義の口座（以下「J請求人名義口座」という。）を開設した。

　ハ　請求人は、平成27年3月11日、K銀行○○支店の夫H名義の普通預金口座（以下「K夫名義口座」という。）から出金した金員○○○○円をJ請求人名義口座に入金し、一旦、J○○ファンドを購入した後換金し、同月17日、L社及びM社の各株式の購入に充てた。

　ニ　請求人は、平成27年3月19日、K夫名義口座から出金した金員○○○円をJ請求人名義口座に入金し、一旦、J○○ファンドを購入した後換金し、同月23日に、N社、P社及びQ社の各株式並びにJ外貨○○ファンドの購入、同月30日に、J投資信託（以下「本件毎月分配型投資信託」という。）の購入に充てた。

— 146 —

ホ　請求人は、平成27年５月21日、Ｋ夫名義口座から出金した金員〇〇〇〇円をＫ
　　銀行〇〇支店の請求人名義の普通預金口座（以下「Ｋ請求人名義普通預金口座」
　　という。）に入金し、同日、Ｋ請求人名義普通預金口座から〇〇〇〇円を同支店
　　に開設した請求人名義の投資信託口座（以下「Ｋ請求人名義投資信託口座」とい
　　う。）へ振り替えた後、その全額をＫ投資信託（以下「本件追加型投資信託」と
　　いう。）の購入に充てた（以下、上記ハ及びニのＪ請求人名義口座への各〇〇〇
　　〇円の入金並びに上記のＫ請求人名義普通預金口座への〇〇〇〇円の入金を併せ
　　て「本件各入金」といい、本件各入金に係る合計〇〇〇〇円を「本件〇〇〇〇
　　円」という。）。

ヘ　夫Ｈは、〇〇〇〇を受け、平成27年８月にｅ市ｆ町にある〇〇に〇〇した。

ト　請求人は、平成28年３月15日、上場株式等の配当等に係る配当所得の源泉徴収
　　税額〇〇〇〇円の還付を求めて、平成27年分の所得税及び復興特別所得税（以下
　　「所得税等」という。）の確定申告をした。

　　　請求人は、上記確定申告に際して、特定口座開設者を請求人、金融商品取引業
　　者等をＪ証券〇〇支店、上場株式等に係る譲渡損失の金額を〇〇〇〇円、株式及
　　びオープン型証券投資信託の配当等の額を〇〇〇〇円、源泉徴収税額を〇〇〇〇
　　円と記載の「平成27年分特定口座年間取引報告書」を併せて提出した。

チ　夫Ｈは、平成29年２月〇日に死亡し、その相続（以下「本件相続」という。）
　　が開始した。

リ　請求人は、平成29年３月13日、上場株式等の配当等に係る配当所得の源泉徴収
　　税額〇〇〇〇円の還付を求めて、平成28年分の所得税等の確定申告をした。

　　　請求人は、上記確定申告に際して、特定口座開設者を請求人、金融商品取引業
　　者等をＫ銀行〇〇支店、オープン型証券投資信託の配当等の額を〇〇〇〇円、源
　　泉徴収税額を〇〇〇〇円と記載の「平成28年分特定口座年間取引報告書」を併せ
　　て提出した。

ヌ　請求人は、他の相続人らと共同して、法定申告期限内に本件相続に係る相続税
　　の申告をした。上記申告において、本件各入金を原資とする財産は、課税価格に
　　算入されておらず、また、請求人の納付すべき相続税額は、相続税法第19条の２
　　《配偶者に対する相続税額の軽減》第１項の規定の適用により〇〇〇〇円であっ
　　た。

ル　原処分庁の調査担当職員は、令和元年11月5日、請求人の自宅に臨場して、本件相続に係る相続税等の実地の調査をした。

ヲ　請求人は、令和2年4月15日、本件各入金を原資とするJ請求人名義口座及びK請求人名義投資信託口座の有価証券等の価額の合計額○○○○円と、現金○○○○円が申告漏れであったとして、本件相続に係る相続税の修正申告をした。なお、当該修正申告における請求人の納付すべき相続税額は、相続税法第19条の2第1項の規定の適用により○○○○円であった。

ワ　原処分庁は、令和2年6月30日付で、請求人に対して、本件各入金について、対価を支払わないで利益を受けたと認められるため、相続税法第9条の規定により、請求人が本件○○○○円を夫Hから贈与により取得したものとみなされるとして、課税価格を○○○○円、納付すべき税額を○○○○円及び無申告加算税の額を○○○○円とする平成27年分の贈与税の決定処分（以下「本件決定処分」という。）及び無申告加算税の賦課決定処分（以下「本件賦課決定処分」という。）をした。

カ　請求人は、上記ト及びリの所得税等の確定申告が誤りであったとして、平成28年分について令和2年8月4日に、平成27年分について同年12月10日に、いずれも、上場株式等の配当等に係る配当所得の金額及び源泉徴収税額が○○○○、還付金の額を○○○○円とする修正申告をした。

ヨ　請求人は、令和2年9月11日、原処分に不服があるとして、審査請求をした。

2　争　点

　　本件各入金は、相続税法第9条に規定する対価を支払わないで利益を受けた場合に該当するか否か。

3　争点についての主張

原処分庁	請求人
次のとおり、本件各入金は、相続税法第9条に規定する対価を支払わないで利益を受けた場合に該当する。	次のとおり、本件各入金は、相続税法第9条に規定する対価を支払わないで利益を受けた場合に該当しない。
(1)　本件各入金がされた後、①K請求人名義投資信託口座にあっては、K銀行の担	(1)　J請求人名義口座及びK請求人名義投資信託口座では、請求人が取引に係る書

当者が、請求人に投資信託に関する説明を行い、その後も請求人に対して説明やフォローを行っていたこと、②J請求人名義口座にあっては、請求人が、有価証券の購入や運用について、J証券に全て指示又は注文を行っていたこと、③請求人が、金融商品の取引経験がある旨や金融商品に関する勉強のために○○新聞を読んでいる旨を各金融機関の担当者に話していたことから、請求人は、夫Hの意向に拘束されることなく自身の判断に基づいて有価証券の取引を行っていたと認められる。

上記のように、請求人が自らの判断に基づいて有価証券の取引を行っていたのは、その原資である本件各入金について請求人の資金であるという認識を持っていたからであるというべきである。

(2) 請求人は、J請求人名義口座及びK請求人名義投資信託口座から生ずる投資信託分配金等を、いずれも、K請求人名義普通預金口座に入金し、平成27年分及び平成28年分の所得税等において請求人の所得として確定申告している。

(3) そして、請求人が本件各入金に見合う額の金員を夫Hに返還した事実がないことから、夫Hは本件各入金に見合う額の経済的利益を失い、その一方で請求人は、

類の記入や実際の手続を行っていたが、その管理・運用は、夫Hの指示又は包括的同意若しくはその意向を忖度したものである。

したがって、請求人がJ請求人名義口座及びK請求人名義投資信託口座の管理・運用をしていたとしても、贈与契約が成立していない以上、本件各入金を原資とした財産がいずれも夫Hから請求人に移転したということはできない。

(2) 請求人が平成27年分及び平成28年分の所得税等の確定申告をしたのは、K銀行の担当者から「確定申告をすれば税金が還付される」と教えられたため、税金に関する知識もあまりない請求人が深い考えもなく、近くの税理士に頼んで還付申告の手続を行ったにすぎない。

(3) そして、上記(1)のとおり、本件各入金を原資とした財産は、夫Hに帰属するものであるから、夫Hは、何ら経済的利益を失っておらず、一方、請求人は何らの

本件各入金により経済的利益を受けたものと認められる。	経済的利益を享受していない。
(4) また、相続税法第9条は、実質的にみて、贈与を受けたのと同様の経済的利益を享受している事実がある場合に、贈与契約等の原因行為そのものではなく、その結果として取得した経済的成果に担税力を認めて贈与税を課税するものであるから、原因行為が不当利得であるか否かによって同条の規定の適用が妨げられるものではない上、不当利得とは、結局のところ、ある者から別の者に移転した経済的利益であるから、いずれにしても、請求人は経済的な利益を受けたことになる。	(4) 仮に、原処分庁の主張する経済的利益が契約などの法律上の原因がないにもかかわらず本来の利益の帰属者である夫Hの損失と対応する形で請求人が利益を受けたことを意味するのであれば、民法第703条《不当利得の返還義務》の規定によって利益を受けた者は、その受けた利益を損失を受けた者に返還すべき義務を負うことになるから、結局のところ、請求人は何ら経済的な利益を受けていないことになる。

4　当審判所の判断

(1)　法令解釈

　　相続税法第9条は、対価を支払わないで又は著しく低い価額の対価で利益を受けた者がいる場合に、当該利益を受けた時における当該利益の価額に相当する金額を、当該利益を受けさせた者から贈与により取得したものとみなして、贈与税を課税することとした規定である。

　　その趣旨とするところは、私法上、贈与によって財産を取得したものと認められない場合に、そのような私人間の法律関係の形式とは別に、実質的にみて、贈与を受けたのと同様の経済的利益を享受している事実がある場合に、租税回避行為を防止し、税負担の公平を図る見地から、贈与契約の有無にかかわらず、その取得した経済的利益を、当該利益を受けさせた者からの贈与によって取得したものとみなして、贈与税を課税することとしたものと解される。

　　相続税法第9条が規定する「利益を受けた場合」とは、おおむね利益を受けた者の財産（積極財産）の増加又は債務（消極財産）の減少があった場合等を意味する

ものと解され、上記趣旨に鑑みると、同条に規定する対価を支払わないで利益を受けた場合に該当するか否かの判定については、対価の支払の事実の有無を実質により判定し、当該経済的利益を受けさせた者の財産の減少と、贈与と同様の経済的利益の移転があったか否かにより判断することを要するものと解するのが相当である。

(2)　認定事実

　　請求人提出資料、原処分関係資料並びに当審判所の調査及び審理の結果によれば、以下の事実が認められる。

　イ　請求人及び夫Hの生活状況

　　　請求人は、本件各入金をした当時、年齢が満○歳であったところ、それ以前において、請求人自身のパート等により月数万円の収入を得ていたことがあったものの、請求人及び夫Hら家族（以下「F家」という。）の家計は、主として夫Hの給与等の収入によって賄われていた。

　ロ　請求人及びF家の財産の管理状況

　　(イ)　請求人は、K夫名義口座に入金のあった夫Hの給与から、毎月一定額を小遣いとして夫Hに交付するなど、F家の収入及び支出等、家計全般を管理していた。

　　(ロ)　請求人は、平成28年5月20日、R銀行○○支店の夫H名義の貸金庫の契約を解除し、同貸金庫に保管されていたF家の自宅の権利証等を、K銀行○○支店の請求人名義の貸金庫に移し替え、同日以後、同貸金庫において保管・管理していた。

　　　　また、請求人は、請求人名義の預金通帳等のほか、K夫名義口座の預金通帳等についても、本件各入金をする以前から、請求人名義の上記貸金庫において保管・管理していた。

　　(ハ)　夫Hは、平成27年5月28日、J証券の夫H名義の口座の取引店を○○支店から○○支店へ変更するとともに、当該口座の取引代理人に請求人を指定する旨の届出をした。

　ハ　本件各入金に関連する財産の管理状況

　　(イ)　K夫名義口座には、平成27年3月6日、S社から○○○○円の入金があった。

　　(ロ)　請求人は、上記1の(3)のハないしホのとおり、本件各入金に係る入出金の手続を全て一人で行った。

— 151 —

(ハ)　請求人は、Ｋ銀行○○支店の担当者の訪問を受けた時などに、証券や金取引の経験を話したところ、同担当者から本件毎月分配型投資信託と同様の金融商品がある旨の説明を受けるとともに、投資信託に係る金融商品の一つである、本件追加型投資信託を勧められてその購入を決意し、平成27年5月21日、同支店に赴いて、その購入手続を請求人自ら行った。

(ニ)　Ｋ銀行○○支店の担当者は、Ｆ家の自宅を訪問した時に、夫Ｈと数回顔を合わせたことがあったものの、上記投資信託について夫Ｈから指示を受けたことはなく、夫Ｈに対しては、請求人に対するものと同様の説明等を行うこともなかった。

(ホ)　Ｊ証券の担当者は、請求人から、Ｓ社との金取引やメインバンクのＫ銀行で外貨取引を行ったことがあるなど、金融取引の経験がある旨を聞き、請求人は、金融取引について詳細な知識や経験を有していると考え、具体的な金融商品の購入等を勧めることは少なかった。

　　また、Ｊ証券の担当者は、Ｊ請求人名義口座の運用について、請求人が、具体的に指示や注文をし、売買等の取引を行っており、夫Ｈから指示や注文を受けることなどはなかった。

(ヘ)　Ｊ請求人名義口座における取引は、本件各入金から本件相続までの間、上記1の(3)のハ及びニのほかに次のものがあり、これらの売買代金は、いずれも、Ｊ○○ファンドの購入又は換金に係る資金に充てられている。また、株式の配当等は、同じＪ請求人名義口座に入金されていた。なお、本件毎月分配型投資信託に係る毎月の分配金については、平成27年9月18日以降、Ｋ請求人名義普通預金口座へ振り込まれていた。

Ａ　平成27年5月27日のＪ外貨○○ファンド（上記1の(3)のニで購入のもの）の換金

Ｂ　平成27年5月28日のＰ社の株式（同ニで購入のもの）の売却

Ｃ　平成27年10月2日のＮ社の株式（同ニで購入のもの）の売却

Ｄ　平成28年11月7日のＭ社の株式（同ハで購入のもの）の売却

Ｅ　平成27年5月15日、同月18日及び同年6月5日の本件毎月分配型投資信託の追加購入

(ト)　Ｋ請求人名義投資信託口座に係る取引は、本件各入金から本件相続までの間、

上記１の(3)のホの本件追加型投資信託の購入（平成27年５月22日に購入後、同年11月２日に更に購入）があるのみである。また、本件追加型投資信託に係る毎月の分配金は、Ｋ請求人名義普通預金口座に入金されていた。

(チ) Ｋ請求人名義普通預金口座の入出金は、本件各入金から本件相続までの間、おおむね、上記(ヘ)及び(ト)の各分配金に係る毎月の入金、数千円程度のクレジットカードの利用代金及び１万円程度のスポーツクラブの会費に係る出金があるほか、使途不明の少額の入出金が時折あった。

(3) 検討

イ はじめに

(イ) 相続税法第９条は、「対価を支払わないで、……利益を受けた場合」と規定するところ、本件各入金が同条に規定する「利益を受けた場合」に該当するか否かの判定については、本件各入金によって、本件○○○○円がＫ夫名義口座からＫ請求人名義普通預金口座及びＪ請求人名義口座に移転しており、このことが請求人に贈与と同様の経済的利益の移転があったといえるか否か、すなわち本件各入金の時に、請求人に本件○○○○円という財産が移転したか否かを検討する必要がある。

(ロ) 一般的に、財産の帰属の判定において、当該財産の名義が誰であるかは重要な一要素となり得るものの、我が国において、自己の財産をその扶養する家族名義の預金等の形態で保有することも珍しいことではない。また、上記の判定において、財産の管理及び運用を行った者が誰であるかも重要な一要素となり得るものの、特に夫婦間においては、一方が他方の財産を、その包括的同意又はその意向を忖度して管理及び運用することはさほど不自然なものとはいえないから、これを殊更重視することは適切ではない。

そうすると、夫婦間における財産の帰属については、①当該財産又はその購入原資の出捐者、②当該財産の管理及び運用の状況、③当該財産の費消状況等、④当該財産の名義を有することとなった経緯等を総合考慮して判断するのが相当である。

(ハ) 本件の場合でも、本件各入金については、Ｋ夫名義口座からＪ請求人名義口座又はＫ請求人名義普通預金口座に各入金されたものであるところ、請求人は被相続人である夫Ｈの妻であることから、本件○○○○円が上記の請求人名義

の各口座に入金されたという一事をもって、請求人に帰属すると断ずることは
できない。

　　したがって、本件各入金が、相続税法第9条に規定する対価を支払わないで
利益を受けた場合に該当するか否かについては、夫婦間における財産の帰属の
判定において特に考慮すべき事情を踏まえ、上記(ロ)で述べた①ないし④の諸般
の事情を総合考慮して判断するのが相当であり、以下、検討する。

ロ　本件○○○○円の帰属について
　(イ)　K夫名義口座については、夫Hの財産であることに争いがないから、K夫名
　　義口座から請求人名義の各口座に入金された本件○○○○円の出捐者は、夫H
　　である。
　(ロ)　上記(2)のロのとおり、請求人は、本件各入金の前後を通じて、夫Hの給与等
　　を含むF家の家計全般を管理していたことが認められる。

　　　そして、本件○○○○円の管理及び運用の状況をみると、K銀行及びJ証券
　　の各担当者は、上記(2)のハの(ハ)ないし(ホ)のとおり、請求人に対する説明等や請
　　求人から取引に係る具体的指示を受けることはあっても、夫Hから指示等を受
　　けたこともなく、かえって、請求人自らが、その判断で本件○○○○円を原資
　　とする金融取引につき、具体的な指示や注文をし、売買を行っていたことなど
　　から、請求人が主体的に本件○○○○円の管理・運用を行っていたものと認め
　　られる。

　　　もっとも、請求人は、上記(2)のロの(イ)及び(ロ)のとおり、本件各入金の以前か
　　ら、夫Hの財産の一部若しくは全部についても管理していたことが認められる
　　ことに加え、上記1の(3)のへのとおり、夫Hが○○する必要があったという事
　　情を併せ考えると、請求人が、夫Hから同人の財産に係る管理・運用の包括的
　　同意を得た上で、その財産を主体的に管理・運用していたと解しても、あなが
　　ち不自然とはいえない。

　　　そして、本件各入金の前後を通じて請求人が管理していたK夫名義口座など
　　の夫Hの財産について、その全部が請求人に帰属していたものと認めることは
　　できないから、請求人による本件○○○○円の管理及び運用状況は、その帰属
　　の判定を左右するほどの事情とは認めることができない。

　(ハ)　本件○○○○円を原資とした財産についてみると、まず、J請求人名義口座

については、上記(2)のハの㈬のとおり、本件各入金の際に購入した株式の売却等をし、これをＪ○○ファンドや本件毎月分配型投資信託で運用している。また、Ｋ請求人名義投資信託口座についても、上記(2)のハの㈫のとおり、本件各入金の際に買い付けた本件追加型投資信託について、１回追加購入し、そのまま運用している。いずれについても、本件各入金から本件相続までの間の２年弱の期間において、頻繁に取引が行われたとは認められない。

そして、本件毎月分配型投資信託及び本件追加型投資信託の各分配金の入金があったＫ請求人名義普通預金口座にあっても、上記(2)のハの㈭のとおり、入出金はほとんどなく、少額の出金はあるものの、その出金は、家計費の一部を賄うためのものと認められる。

したがって、本件○○○○円について、請求人が自ら私的な用途で費消した事実は認められない。

㈡ これに加えて、請求人において、夫Ｈの財産の管理・運用という目的から離れて、請求人自らが私的に資金を必要とする事情も認められず、上記イの㈹のとおり、我が国において、夫婦間における財産については、一方が自己の財産を他方の名義の預金等の形態で保有することが珍しくないことを併せ考えると、請求人名義の各口座に入金された本件○○○○円につき、請求人によって私的に費消された事実が存在しない本件においては、請求人が専らＦ家の生計を維持するために夫Ｈの財産を管理・運用していたと解するのが相当である。

㈭ さらに、夫Ｈは、上記１の(3)のへのとおり、平成27年８月には、○○したという経緯が認められることから、請求人は、Ｋ夫名義口座の本件○○○○円を管理・運用することを企図し、その便宜に資するよう請求人名義の各口座に移し替えたと解しても不自然とはいえない。

ハ 小括

以上により、上記各事情を考慮すれば、本件各入金によっても、夫Ｈの財産は、Ｊ請求人名義口座及びＫ請求人名義投資信託口座においてそのまま管理されていたものと評価するのが相当であり、本件○○○○円が請求人に帰属するものと解することはできず、本件各入金により請求人に贈与と同様の経済的利益の移転があったと認めることはできない。

よって、本件各入金は、相続税法第９条に規定する対価を支払わないで利益を

受けた場合に該当するものとは認められない。

二　原処分庁の主張について

(イ)　原処分庁は、上記３の「原処分庁」欄の(1)ないし(3)のとおり、請求人がＪ請求人名義口座及びＫ請求人名義投資信託口座について、①Ｊ証券及びＫ銀行の各担当者の申述から請求人自身の判断で取引を行っていたと認められること、②分配金等がＫ請求人名義普通預金口座に入金されていたこと、③生じた投資信託分配金等を請求人の所得として平成27年分及び平成28年分の所得税等の確定申告をしたこと、④請求人が本件各入金に見合う額の金員を夫Ｈに返還した事実がないことから、本件各入金は、相続税法第９条に規定する対価を支払わないで利益を受けた場合に該当する旨主張する。

(ロ)　しかしながら、上記①の主張については、上記ロの(ロ)のとおり、請求人は、本件各入金の前後を通じて夫Ｈの財産の管理を主体的に行っていたものの、その管理に係る全部の財産が請求人に帰属していたものと認めることはできないから、Ｊ請求人名義口座及びＫ請求人名義投資信託口座において自身の判断で取引を行った事実をもって、請求人においてその利益を受けたと認めることはできない。

(ハ)　また、上記②の主張については、Ｋ請求人名義普通預金口座に、本件各入金を原資とする財産に基づいて発生した分配金等の入金があっても、請求人が私的に費消した事実が認められない本件においては、これを管理・運用していたとの評価の範疇を超えるものとはいえない。

(ニ)　さらに、上記③の主張について、請求人は、Ｋ銀行の担当者の教示に従い、深く考えずに平成27年分及び平成28年分の所得税等の確定申告を行った旨主張しているところ、上記１の(3)のカ及びヲのとおり、請求人が所得税等及び相続税の修正申告をした事実に符合しており、当該主張は、不自然とまではいえない。したがって、本件○○○○円の帰属については、当初、所得税等の確定申告をした事実を殊更重要視すべきではなく、上記ハで示した認定を覆すほどの事情とは認められない。

(ホ)　そして、上記④の主張については、上記ハのとおり、本件各入金により請求人に贈与と同様の経済的利益の移転があったとは認められないのであるから、本件各入金に見合う額の金員を夫Ｈに返還しなかったとしても、当該金員につ

いて請求人が利益を受けたことにはならない。

(ヘ)　なお、原処分庁は、上記3の「原処分庁」欄の(4)のとおり、ある者から別の者に移転した経済的利益が不当利得に該当するとしても、相続税法第9条の規定が適用される旨主張するが、契約などの法律上の原因がない場合に経済的利益を受けた者は、民法第703条の規定により、その受けた利益について損失を受けた者に返還すべき義務を負うことになり、相続税法第9条の規定の適用にあっては、当該義務を考慮することになるのであるから、原処分庁の主張は採用できない。

(ト)　以上のとおり、原処分庁の主張には、いずれも理由がない。

(4)　本件決定処分

　　　上記(3)のとおり、本件各入金は、相続税法第9条に規定する対価を支払わないで利益を受けた場合には該当しないため、これに該当することを前提にされた本件決定処分は違法であるから、その全部を取り消すべきである。

(5)　本件賦課決定処分

　　　上記(4)のとおり、本件決定処分は違法であり、本件決定処分に基づく本件賦課決定処分もまた違法となるから、その全部を取り消すべきである。

(6)　結論

　　　よって、審査請求には理由があるから、本件決定処分及び本件賦課決定処分は、いずれもその全部を取り消すこととする。

事例 7 （財産の評価　宅地及び宅地の上に存する権利　その他）

　広大地の判定に当たり、開発許可面積基準を満たさないことをもって直ちに広大地
に該当しないとすることはできないとした事例（平成26年11月相続開始に係る相続税
の各更正の請求に対する各更正処分・全部取消し・令和 3 年 8 月 3 日裁決）

《ポイント》

　本事例は、広大地の判定に当たり、開発許可面積基準を指標とすることに合理性は
あるものの、当該基準を満たさないことをもって直ちに広大地に該当しないとするこ
とはできず、評価対象地の経済的に最も合理的な使用は道路を開設して戸建住宅の敷
地とする開発を行うことであるなどとして、評価対象地は広大地に該当すると判断し
たものである。

《要旨》

　原処分庁は、財産評価基本通達24- 4 《広大地の評価》に定める広大地に該当するか
否かの判定に当たり、①評価対象地（本件土地）は共同住宅の敷地として利用されてお
り、現に有効利用されていること、②その地域における標準的な宅地の面積に比して著
しく地積が広大かについては、指標となる各自治体が定める開発許可を要する面積基準
（開発許可面積基準）を満たすか否かにより判断すべきであること、③本件土地は、路
地状開発をすることができ、公共公益的施設用地の負担が必要とは認められないことか
ら、本件土地は広大地に該当しない旨主張する。

　しかしながら、①その地域における標準的な宅地の使用は、戸建住宅の敷地としての
利用であるから、本件土地は、現に宅地として有効利用されているとは認められないこ
と、②広大地の判定に当たり、開発許可面積基準を指標とすることに合理性はあるもの
の、当該基準を満たさないことをもって直ちに広大地に該当しないとすることはできな
いこと、また、③本件土地の経済的に最も合理的な使用は、道路を開設して戸建住宅の
敷地とする開発を行うことであると認められることから、広大地に該当する。

《参照条文等》

　相続税法第22条

（令和3年8月3日裁決）

《裁決書（抄）》

1 事 実

(1) 事案の概要

本件は、審査請求人らが、相続により取得した土地が広大地に該当するなどとして、相続税の更正の請求をしたところ、原処分庁が、当該土地は広大地に該当しないとして、その他の部分のみを認容する更正処分をしたことから、審査請求人らが、その全部の取消しを求めた事案である。

(2) 関係法令等

関係法令等の要旨は、別紙2のとおりである（なお、別紙2で定義した略語については、以下、本文、別表及び別図においても使用する。）。

(3) 基礎事実

当審判所の調査及び審理の結果によれば、以下の事実が認められる。

イ K（以下「本件被相続人」という。）は、平成26年11月〇日に死亡し、本件被相続人に係る相続（以下「本件相続」という。）が開始した。

本件相続に係る共同相続人は、本件被相続人の長女である審査請求人L（以下「請求人長女」という。）、二女である審査請求人M（以下「請求人二女」という。）及び長男である審査請求人H（以下「請求人長男」という。）の3名（以下、これらの者を併せて「請求人ら」という。）である。

ロ 平成27年8月2日、請求人らの間で本件相続に係る遺産分割協議が成立し、本件被相続人の遺産のうち、①a市d町〇-〇に所在する土地については請求人二女が相続し、②別表1の土地（以下「本件土地」という。）及びその上に存する木造瓦葺2階建の共同住宅（以下「本件共同住宅」という。）については請求人長男が相続した。

ハ 本件相続の開始時における本件土地及びその周辺の状況等は、以下のとおりであった。

(イ) 本件土地は、地積993.37㎡の長方形の宅地であり、本件相続の開始時において、賃貸用の本件共同住宅の敷地及びその賃借人用の駐車場として一体利用されていた。

(ロ) 本件土地は、評価通達14-2に定める路線価地域の普通住宅地区に所在する

ところ、その東側で接する幅員４ｍの市道ｅ線に付された路線価は、１㎡当たり43,000円であった。また、本件土地の南側には、都市計画道路である市道ｆ線（以下「本件南側市道」という。）が存し、本件土地の東側には、市道ｇ線及び市道ｈ線（以下、これらを併せて「本件東側市道」という。）並びに主要地方道である県道ｉ線（以下「本件県道」という。）が存し、本件土地の北東側には、本件県道から分岐した市道ｊ線（以下「本件北東側市道」という。）が存し、本件土地の北側及び西側には、一級河川であるＮ川（以下「本件河川」という。）が存するところ、これらの位置関係等を図示すると、別図１のとおりであった。

なお、別図１において「本件県道」と表示した路線沿いは、評価通達14－２に定める普通商業・併用住宅地区に区分されており、また、同図のそのほかの路線は、普通住宅地区に区分されていた。

(ハ) 本件土地は、都市計画法第７条《区域区分》第１項に規定する区域区分が市街化区域、同法第８条《地域地区》第１項第１号に規定する用途地域（以下「用途地域」という。）が第一種住居地域、建築基準法第53条《建ぺい率》第１項に規定する建蔽率（以下「建蔽率」という。）が60％、同法第52条第１項に規定する容積率（以下「指定容積率」という。）が200％とそれぞれ定められた地域に存していた。また、本件土地の周辺における用途地域の指定状況等の概略を図示すると、別図２のとおりであった。

(ニ) ａ市では、市街化区域内において1,000㎡以上の規模の開発行為を行う場合には開発許可が必要であり（以下、各自治体が定める開発許可を要する面積基準を「開発許可面積基準」という。）、また、市街化区域内の分譲等における１区画の面積は、原則として、120㎡以上とされていた。

(ホ) 本件土地の周辺には、別図３のとおり、都市計画道路の予定地（以下「本件都市計画道路予定地」という。）が存するところ、本件土地は、地積993.37㎡のうち676.25㎡がその区域内となっていた。

(ヘ) 本件土地の周辺には、地価公示の標準地は存しないものの、別図１のとおり、基準地番号を「○○－○」とする都道府県地価調査の基準地（以下「本件基準地」という。）が存するところ、この本件基準地について、平成26年７月１日現在を基準日として公示された事項の要旨は、次のとおりであった。

A　所在及び地番　a市k町○－○

　　B　地積　231㎡

　　C　利用現況　住宅

　　D　用途地域　第一種中高層住居専用地域

　　E　建蔽率　60％

　　F　指定容積率　200％

　　G　区域区分　市街化区域

(4)　審査請求に至る経緯

　イ　請求人らは、本件相続に係る相続税（以下「本件相続税」という。）について、
　　それぞれの申告書に別表2の「申告」欄のとおり記載して、法定申告期限までに
　　申告した。この申告における本件土地の評価額は、別表1の「申告」欄のとおり
　　であり、広大地に該当することを前提とせずに評価したものであった。

　ロ　請求人らは、原処分庁所属の職員による調査を受け、平成28年12月26日、それ
　　ぞれ別表2の「修正申告」欄のとおり記載した本件相続税の修正申告書を提出し
　　た。この修正申告における本件土地の評価額は、上記イの申告における評価額と
　　同じであった。

　ハ　これに対し、原処分庁は、平成29年1月10日付で、別表2の「賦課決定処分」
　　欄のとおりの過少申告加算税の各賦課決定処分をした。

　ニ　その後、請求人らは、令和元年7月19日、①上記(3)ロの①の土地は2区画の宅
　　地として利用されており、評価単位ごとに分けて評価すべきであること、②当該
　　土地及び本件土地はいずれも本件都市計画道路予定地の区域内となる部分を有す
　　る宅地に該当し、評価通達24－7《都市計画道路予定地の区域内にある宅地の評
　　価》に定める評価方法に従って評価すべきであること、及び、③本件土地は広大
　　地に該当し、評価通達24－4に定める評価方法に従って評価すべきであることを
　　理由として、別表2の「更正の請求」欄のとおりとすべき旨の各更正の請求（以
　　下「本件各更正の請求」という。）をした。この本件各更正の請求における本件
　　土地の評価額は、別表1の「更正の請求」欄のとおりであった。

　ホ　これに対し、原処分庁は、上記ニの①及び②の理由については、いずれも相当
　　と認められるが、上記ニの③の理由については、本件土地の地積がa市の定める
　　開発許可面積基準に満たないことなどから、本件土地は広大地に該当しないとし

て、令和元年10月18日付で、別表2の「更正処分等」欄のとおりの各更正処分
（以下「本件各更正処分」という。）及び過少申告加算税の各変更決定処分をした。
この本件各更正処分における本件土地の評価額は、別表1の「更正処分」欄のと
おりであった。

　ヘ　請求人らは、本件各更正処分の全部に不服があるとして、令和2年1月14日に
　　審査請求をするとともに、請求人長男を総代として選任し、その旨を当審判所に
　　届け出た。

2　争　点

　本件土地が広大地に該当するか否か。

3　争点についての主張

請求人ら	原処分庁
(1)　大規模工場用地に該当しないこと、その地域の標準的な宅地の使用及び更地としての最有効利用が戸建住宅の敷地としての利用であること並びに評価通達24-4に定める「その地域における標準的な宅地の地積に比して著しく地積が広大な宅地」及び「開発行為を行うとした場合に公共公益的施設用地の負担が必要と認められるもの」にそれぞれ該当することをいずれも満たす場合には、客観的交換価値が大きく低下するから、開発許可面積基準を満たすか否かにかかわらず、広大地に該当するとすべきである。また、開発許可面積基準を満たさない場合であっても、建築基準法第43条に規定する接道義務を果たすために道路を開設する負担をせざるを得ないこともあり、これを踏まえて、平成17年6月17日付資産評価	(1)　本件土地の周辺の自然的状況などの土地利用上の利便性や利用形態に影響を及ぼすものなどを総合勘案すると、本件土地に係る評価通達24-4に定める「その地域」は、本件南側市道、本件県道及び本件河川に囲まれた地域のうち、用途地域が第一種住居地域及び第一種中高層住居専用地域である原処分庁主張地域とするのが相当である。 　また、評価通達24-4に定める「その地域における標準的な宅地の地積に比して著しく地積が広大な宅地」に該当するか否かは、原則として、開発許可面積基準を満たすか否かにより判断すべきものであるところ（なお、ここでいう原則に対する例外は、開発許可面積基準を満たす場合であっても、その地域の標準的な宅地の地積と同規模であるときには、こ

企画官情報第1号「広大地の判定に当たり留意すべき事項（情報）」も、その注書において、ミニ開発分譲が多い地域に存する土地については、開発許可面積基準に満たない場合であっても、広大地に該当することに留意する旨定めていることも考慮すれば、原処分庁の主張するように開発許可面積基準を満たすか否かを評価通達24－4に定める「その地域における標準的な宅地の地積に比して著しく地積が広大な宅地」に該当するか否かの判断基準とすることは相当でない。

そして、本件では、本件土地の周辺における開発事例をみても、開発許可面積基準を満たさないものの比較的広大な土地を小規模に細分化した事例が複数あり、ミニ開発分譲が多い地域に存する土地といえる上、標準的な宅地の地積は、おおむね150㎡から180㎡までとすべきであるから、本件土地は、評価通達24－4に定める「その地域における標準的な宅地の地積に比して著しく地積が広大な宅地」に該当する。

なお、ミニ開発分譲とは、分譲後の各土地の地積が標準的な宅地の地積よりも小さくなる場合の開発分譲のことを意味するものではないから、それを前提とする原処分庁の主張は理由がない。

(2) 原処分庁は、本件土地について、別図

れに該当しないことを意味する。）、本件土地の地積は993.37㎡であって、 a 市の開発許可面積基準を満たさないから、これに該当しない。

なお、原処分庁主張地域における開発事例及び本件基準地の地積によれば、標準的な宅地の地積は、おおむね170㎡から230㎡までであるところ、請求人らの開発事例の平均地積は、これと同程度であるから、本件土地は、ミニ開発分譲が多い地域に存する土地とは認められない。

(2) 仮に戸建住宅の分譲をするとしても、

4-1の開発想定図（以下「原処分庁主張開発想定図」という。）のとおり、路地状開発をすることができる旨主張するが、それによる分譲後の各土地の地積は、上記(1)の標準的な宅地の地積に比して過大であるだけでなく、原処分庁の主張する標準的な宅地の地積に比しても過大である。また、原処分庁が主張する別図5の実線で囲まれた地域（以下「原処分庁主張地域」という。）をみても、ほとんどが道路を開設したものであり、路地状開発が一般的ともいえず、別図4-2の開発想定図（以下「請求人主張開発想定図」という。）のとおり、道路を開設した戸建住宅の分譲をするのが経済的に最も合理性があるといえるから、評価通達24-4に定める「開発行為を行うとした場合に公共公益的施設用地の負担が必要と認められるもの」に該当する。

(3) なお、原処分庁は、本件土地が現に本件共同住宅の敷地として有効利用されている旨主張するが、広大地に該当するか否かの判断に当たっては、更地としての最有効利用を問題にすべきであり、本件土地が本件共同住宅の敷地として利用されていたとしても、そのことが当該判断を左右することはないし、本件土地及び本件共同住宅の取得価額、維持関連費等を含めて耐用年数中の収支を計算する

原処分庁主張地域においては、路地状開発による戸建住宅の分譲が一般的に行われているところ、本件土地は、原処分庁主張開発想定図のとおり、路地状開発をすることで、都市計画法等の規定に反することなく、各区画の地積をおおむね上記(1)の標準的な宅地の地積と同程度とすることができる上、路地状部分を有する2区画については、建蔽率及び容積率の計算上も有利になるから、路地状開発を行うことが合理的といえ、評価通達24-4に定める「開発行為を行うとした場合に公共公益的施設用地の負担が必要と認められるもの」に該当しない。

(3) 本件相続の開始時において、本件土地は本件共同住宅の敷地として利用され、本件共同住宅に係る賃料収入が相当程度あったこと、原処分庁主張地域において共同住宅が50棟以上も存し、共同住宅の敷地としての利用も一般的であるといえること、共同住宅の敷地として利用されていた土地について戸建住宅の分譲をした事例が存しないこと、本件土地の大半が本件都市計画道路予定地の区域内にあ

と、将来的な大規模修繕の負担等を考慮するまでもなく、本件土地の価値は回収できておらず、本件土地が現に有効利用されているということもできない。また、本件土地の周辺をみても、標準的な宅地の使用は戸建住宅の敷地としての利用であって、共同住宅の敷地としての利用が一般的とはいえないし、本件土地の大半が本件都市計画道路予定地の区域内にあるとしても、その実行時期は未定で、実行される蓋然性も乏しい上、原処分庁の主張によると、評価通達24－4の定めと評価通達24－7の定めが重畳適用できることと矛盾するから相当でない。	り、将来的に戸建住宅の敷地として利用できなくなることなどを考慮すれば、本件土地は、現に本件共同住宅の敷地として有効利用されているものといえるから、広大地に該当しない。
(4) 以上に加え、大規模工場用地に該当しないことなどを考慮すれば、本件土地は広大地に該当する。	(4) 以上によれば、本件土地は広大地に該当しない。

4 当審判所の判断

(1) 法令解釈

　イ　相続税法第22条に規定する「時価」とは、相続等による財産の取得の時における当該財産の客観的交換価値をいうものと解されるところ、この客観的交換価値は、必ずしも一義的に確定されるものではなく、課税実務上は、財産評価の一般的基準が評価通達によって定められ、原則として、これに定められた画一的な評価方法によって、当該財産の評価をすることとされている。このような取扱いは、評価通達の定める評価方法が相続等により取得した財産の適正な時価を算定する方法として合理性を有するものと認められる限り、租税負担の公平、納税者の便宜、徴税費用の節減等の観点からみて合理的であり、これを形式的に全ての納税者に適用して財産の評価を行うことは、通常、税負担の実質的公平を実現し、租税平等主義にかなうものといえるから、評価対象の財産に適用される評価通達に

定める評価方法が適正な時価を算定する方法として一般的な合理性を有するものであり、かつ、当該財産の相続税の課税価格がその評価方法に従って決定された場合には、評価通達に定める評価方法によるべきではない特別な事情がない限り、評価通達に従って決定された評価額をもって「時価」であると事実上推認することができるものというべきである。

ロ　評価通達24−4は、①その地域における標準的な宅地の地積に比して著しく地積が広大な宅地であること、②開発行為を行うとした場合に公共公益的施設用地の負担が必要と認められるものであること、③大規模工場用地に該当するものでないこと及び中高層の集合住宅等の敷地用地に適しているものでないことをいずれも満たす場合に、その評価対象の土地を広大地とした上で、評価通達24−4の(1)又は(2)の定めに応じた減額の補正を行う旨を定めている。

　　この趣旨は、評価対象の土地がその地域における標準的な宅地の地積に比して著しく地積が広大な宅地であって、当該宅地を当該地域において経済的に最も合理的な用途に供するため、道路、公園等の公共公益的施設用地の負担が必要な開発行為を行わなければならない場合には、当該開発行為により公共公益的施設用地として相当の潰れ地が生じてしまい、評価通達15から同通達20−5までに定める評価方法による減額の補正を行っただけでは十分でないときがあることから、このような土地の評価に当たっては、潰れ地が生じることを評価対象の土地の価額に影響を及ぼす客観的事情として、価値が減少していると認められる範囲で減額の補正を行うとしたものと考えられ、当審判所においても、評価通達24−4に定める評価方法は適正な時価を算定する方法として一般的な合理性を有するものと認められる。

(2)　検討

イ　本件では、本件土地に適用され得る評価通達に定める評価方法が適正な時価を算定する方法として一般的な合理性を有するものであること並びに本件各更正の請求及び本件各更正処分における本件土地の評価額がそれぞれ当該評価方法に従って決定されたものであることについては、本件土地が広大地に該当するとして評価通達24−4に定める評価方法に従って評価すべきか否かという点を除き、請求人ら及び原処分庁は争わず、当審判所においてもこれを不相当とする理由は認められない。そのため、上記(1)の法令解釈に照らすと、本件土地が広大地に該当

し、評価通達24−4に定める評価方法に従って評価すべきである場合には、それ
を前提にして評価した本件各更正の請求における本件土地の評価額が相続税法第
22条に規定する「時価」であると事実上推認され、反対に、本件土地が広大地に
該当せず、評価通達24−4に定める評価方法に従って評価すべきではない場合に
は、それを前提にして評価した本件各更正処分における本件土地の評価額が相続
税法第22条に規定する「時価」であると事実上推認されることになる。

　　そこで、以下において、本件土地が広大地に該当するか否かを検討する。

ロ　まず、本件土地が広大地に該当するか否かを判断する前提として、本件におけ
　る評価通達24−4に定める「その地域」がどこかについて検討する。

　(イ)　評価通達24−4に定める「その地域」とは、①河川、山等の自然的状況、②
　　土地の利用状況の連続性や地域の一体性を分断することになる道路、鉄道、公
　　園等の状況、③行政区域、④都市計画法による土地利用の規制等の公法上の規
　　制など、土地の利用上の利便性や利用形態に影響を及ぼすものなどを総合勘案
　　し、土地の利用状況、環境等がおおむね同一と認められる住宅、商業等の特定
　　の用途に供されることを中心としたひとまとまりの地域を指すものと解される。

　(ロ)　本件では、本件土地に係る評価通達24−4に定める「その地域」の南側の境
　　界が本件南側市道であることについては、請求人らも争わず、当審判所におい
　　てもこれを不相当とする理由は認められない。

　(ハ)　そこで、本件土地の東側、北側及び西側についてみると、上記1(3)ハ(ロ)のと
　　おり、本件土地の東側には、主要地方道である本件県道が存し、本件土地の北
　　側及び西側には、一級河川である本件河川が存しており、これらによって、土
　　地の利用状況の連続性や地域の一体性が分断されているものといえる。また、
　　本件土地の北東側には、本件県道から分岐した本件北東側市道が存するところ、
　　当審判所に提出された証拠資料等によれば、この本件北東側市道は二車線道路
　　であり、道路の両脇にコンクリートの擁壁が設置されていることが認められる
　　から、これによっても、土地の利用状況の連続性や地域の一体性が分断されて
　　いるものといえる。

　　　そして、本件土地の周辺における用途地域の指定状況等は、上記1(3)ハ(ハ)の
　　とおりであり、本件南側市道、本件県道、本件北東側市道及び本件河川で囲ま
　　れた地域は、そのほとんどが建蔽率及び指定容積率を同一とする第一種住居地

域又は第一種中高層住居専用地域に定められているが、原処分庁主張地域よりも西側については、これらと建蔽率及び指定容積率がいずれも異なる第一種低層住居専用地域に定められていることが認められる。

　加えて、当審判所に提出された証拠資料等によれば、本件南側市道、本件県道、本件北東側市道及び本件河川で囲まれた地域の宅地の大半は、共同住宅の敷地としての利用もあるものの、主に戸建住宅の敷地として利用されていたこと、当該地域のうち、本件東側市道よりも東側については、比較的規模が大きい事務所や店舗等の敷地としても利用されていたこと、また、当該地域は本件県道沿いの土地に限り、評価通達14－2に定める普通商業・併用住宅地区に区分されていたことが認められる。そのため、本件東側市道を境界として土地の利用状況の連続性や地域の一体性が分断されているものといえる。

㈡　したがって、本件土地に係る評価通達24－4に定める「その地域」は、別図５の破線で囲まれた地域（以下「審判所認定地域」という。）とするのが相当である。

ハ　上記ロを前提に、本件土地が評価通達24－4に定める「その地域における標準的な宅地の地積に比して著しく地積が広大な宅地」に該当するか否かについて検討する。

㈠　上記(1)ロの趣旨に照らすと、評価通達24－4に定める「標準的な宅地の地積」とは、評価対象となる宅地の付近で状況の類似する地価公示の標準地及び都道府県地価調査の基準地の地積並びにその地域における標準的な宅地の使用に基づく平均的な地積を勘案して求めた地積を指すものと解される。

㈡　当審判所に提出された証拠資料等によれば、審判所認定地域には、共同住宅は約50棟であるのに対し、戸建住宅は400戸以上もあると認められるから、審判所認定地域における標準的な宅地の使用は、戸建住宅の敷地としての利用であるといえる。

　そして、上記１(3)ハ㈥のとおり、審判所認定地域に存する本件基準地の地積が231㎡であること、上記１(3)ハ㈡のとおり、ａ市では、市街化区域内の分譲等における１区画の面積は、原則として、120㎡以上とされていたことに加え、当審判所に提出された証拠資料等によれば、審判所認定地域において、平成18年から本件相続の開始時までに建築確認の申請がされて分譲された戸建住宅29

戸の敷地の平均地積は182.63㎡であり、当該戸建住宅29戸のうち、150㎡未満の
ものが5戸、150㎡以上200㎡未満のものが18戸、200㎡以上250㎡未満が2戸、
250㎡以上が4戸であったと認められることなどを考慮すれば、審判所認定地
域における標準的な宅地の地積は、おおむね150㎡から230㎡までとするのが相
当である。

(ハ)　したがって、上記1(3)ハ(イ)のとおり、本件土地の地積は993.37㎡であるから、
本件土地は、評価通達24-4に定める「その地域における標準的な宅地の地積
に比して著しく地積が広大な宅地」に該当すると認められる。

ニ　次に、本件土地が評価通達24-4に定める「開発行為を行うとした場合に公共
公益的施設用地の負担が必要と認められるもの」に該当するか否かについて検討
する。

(イ)　評価通達24-4に定める「開発行為を行うとした場合に公共公益的施設用地
の負担が必要と認められるもの」とは、標準的な宅地の使用が戸建住宅の敷地
としての利用である場合は、「その地域」における「標準的な宅地の地積」に
基づき、経済的に最も合理的に戸建住宅の分譲を行った場合にその開発区域内
に道路等を開設する必要があるものと解される。

そして、当該宅地について路地状開発を行うことが合理的と認められる場合
には、道路等を開設する必要がないことになるから、評価通達24-4に定める
「開発行為を行うとした場合に公共公益的施設用地の負担が必要と認められる
もの」には該当しないものと解されるところ、ここでいう当該宅地について路
地状開発を行うことが合理的と認められる場合に該当するか否かは、①路地状
開発によって評価対象の土地の存する地域における標準的な宅地の地積に分割
できること、②路地状開発が都市計画法、建築基準法等の関係法令の規定に反
しないこと、③路地状開発が建蔽率及び容積率の計算上有利であること、④評
価対象の土地の存する地域において路地状開発により戸建住宅の分譲が一般的
に行われていることなどを総合勘案して判断すべきである。

(ロ)　本件では、原処分庁は、上記3の「原処分庁」欄の(2)のとおり、原処分庁主
張開発想定図のとおり路地状開発をして4区画の戸建住宅に分譲するのが合理
的である旨主張するので、この点について検討する。

原処分庁主張開発想定図によれば、その分譲後の各土地の地積は244.02㎡又

は252.66㎡であるが、上記ハ㈹のとおり、審判所認定地域における標準的な宅地の地積はおおむね150㎡から230㎡までであるから、原処分庁の主張する路地状開発によって審判所認定地域における標準的な宅地の地積に分割できるとは認められない。また、原処分庁主張開発想定図による戸建住宅の分譲では、幅員4mの路地状部分の長さが約29mもあり、駐車場等の敷地として利用するとしても広くなりすぎる上、路地状部分を有しない区画も、道路に対して奥行きが長大で間口と奥行との均衡がとれておらず、宅地としての利用効率が低下する。そのうえ、上記1(3)ハ㈹のとおり、本件土地は幅員4mの道路に面する土地であることから、基準容積率は160％とされ、原処分庁主張開発想定図による分譲宅地の地積に当該容積率を乗じた建築可能な建築物の延べ床面積の合計は、1,589.38㎡となる。一方、請求人主張開発想定図によれば分譲宅地が面する開発道路の幅員は6mであり、基準容積率は240％となるも、指定容積率が200％であるため、請求人主張開発想定図における建築可能な建築物の延べ床面積の合計は、1,617.44㎡となる。

　このように、原処分庁が主張する路地状開発は、請求人らの主張する開発方法に比べ指定容積率又は基準容積率の計算上有利であるとはいえない。そのため、原処分庁主張開発想定図による路地状開発を行うことが合理的とは認められない上、本件土地の形状等に鑑みれば、請求人主張開発想定図のとおり、幅員6mの道路を開設して5区画の戸建住宅に分譲することが経済的に最も合理的であるとするのが相当である。

㈹　したがって、上記㈹のとおり、本件土地は、評価通達24－4に定める「開発行為を行うとした場合に公共公益的施設用地の負担が必要と認められるもの」に該当する。

ホ　なお、本件土地が大規模工場用地に該当するもの及び中高層の集合住宅等の敷地用地に適しているものでないことについては、原処分庁も争っておらず、当審判所においてもこれを不相当とする理由は認められない。

ヘ　以上によれば、本件土地は、上記(1)ロの要件をいずれも満たすから、広大地に該当する。

(3)　原処分庁の主張について

イ　原処分庁は、上記3の「原処分庁」欄の(1)のとおり、本件土地に係る評価通達

24－4に定める「その地域」は原処分庁主張地域とするのが相当である旨主張する。

　　しかしながら、本件北東側市道の状況、本件東側市道よりも東側の土地の利用状況等を総合勘案すれば、本件土地に係る評価通達24－4に定める「その地域」は審判所認定地域とするのが相当であることは、上記(2)ロのとおりであるから、この点に関する原処分庁の主張は理由がない。

ロ　原処分庁は、上記３の「原処分庁」欄の(1)のとおり、評価通達24－4に定める「その地域における標準的な宅地の地積に比して著しく地積が広大な宅地」に該当するか否かは、原則として、開発許可面積基準を満たすか否かにより判断すべきものであるところ、本件土地の地積は993.37㎡であって、ａ市の開発許可面積基準を満たさないから、これに該当することはない旨主張する。

　　しかしながら、評価通達24－4の定めをみても、開発許可を前提とした文言は見当たらず、開発許可面積基準を満たすか否かを指標とすることに合理性があるとしても、それは、飽くまでも指標にすぎないものと解され、原処分庁の主張するように開発許可面積基準を満たすか否かにより一律に広大地に該当するか否かを判定することはできないものと解される。また、開発許可面積基準を満たさない場合であっても、その地域における標準的な宅地の地積の規模が小さいときには、建築基準法第43条に規定する接道義務を果たすために道路を開設する負担をせざるを得ないこともあり、課税実務上、そのような場合には、広大地に該当するものとして取り扱われている。そのため、開発許可面積基準を満たさないからといって、直ちに広大地に該当しないとすることはできないし、ａ市の開発許可面積基準（1,000㎡）を僅かに下回るにすぎない本件土地が評価通達24－4に定める「その地域における標準的な宅地の地積に比して著しく地積が広大な宅地」に該当すると認められることは、上記(2)ハのとおりであるから、この点に関する原処分庁の主張は理由がない。

ハ　原処分庁は、上記３の「原処分庁」欄の(2)のとおり、仮に戸建住宅の分譲をするとしても、本件土地については、原処分庁主張開発想定図のとおり、路地状開発をすることが合理的であるから、評価通達24－4に定める「開発行為を行うとした場合に公共公益的施設用地の負担が必要と認められるもの」に該当しない旨主張する。

しかしながら、原処分庁主張開発想定図による路地状開発を行うことが合理的とは認められないことは、上記(2)ニのとおりであるから、この点に関する原処分庁の主張は理由がない。

ニ　原処分庁は、上記3の「原処分庁」欄の(3)のとおり、本件土地は現に本件共同住宅の敷地として有効利用されているものといえるから、広大地には該当しない旨主張する。

　　この点、一般に、広大地に該当しない条件の例示として、現に宅地として有効利用されている建築物等の敷地が挙げられているところ、原処分庁の主張は、これを踏まえたものであると解されるが、課税実務上、当該条件を満たすか否かについては、評価対象の土地がその地域の標準的な宅地の使用といえるか否かで判断を行うものとされている。本件では、上記(2)ハ(ロ)のとおり、審判所認定地域の標準的な宅地の使用は、戸建住宅の敷地としての利用であり、本件共同住宅の敷地として利用されていた本件土地について、審判所認定地域の標準的な宅地の使用ということはできないから、現に宅地として有効利用されているとは認められないし、原処分庁の主張する点をもって、当審判所の当該判断が左右されることはない。そのため、この点に関する原処分庁の主張は理由がない。

(4)　本件各更正処分の適法性について

　　以上のとおり、本件土地は広大地に該当し、評価通達24-4に定める評価方法に従って評価すべきであるから、それを前提に評価した本件各更正の請求における本件土地の評価額をもって、相続税法第22条に規定する「時価」であると事実上推認されることになる。そして、以上に基づき、当審判所において請求人らの本件相続税の課税価格及び納付すべき税額を計算すると、いずれも本件各更正処分における金額を下回り、本件各更正の請求における金額と同額になる。

　　したがって、本件各更正の請求は理由があって認められるべきものであるから、本件各更正処分は違法であり、いずれもその全部を取り消すべきである。

(5)　結論

　　よって、審査請求には理由があるから、本件各更正処分はいずれもその全部を取り消すこととする。

別表 1 本件土地の評価額（省略）

別表 2 審査請求に至る経緯等（省略）

別図 1 本件土地及びその周辺の状況等（省略）

別図 2 本件土地の周辺における用途地域の指定状況等（省略）

別図 3 本件土地の周辺における本件都市計画道路予定地（省略）

別図 4 - 1

原処分庁主張開発想定図

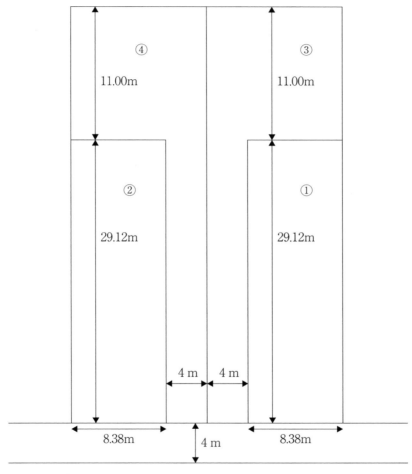

順号	地積
①	244.02㎡
②	244.02㎡
③	252.66㎡
④	252.66㎡

請求人主張開発想定図

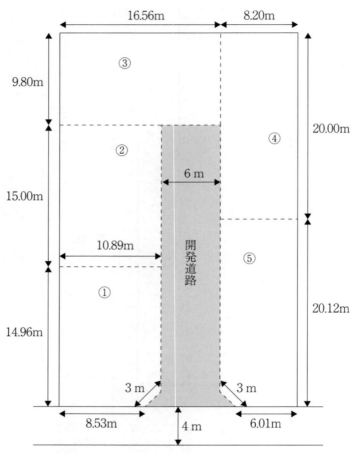

順号	地積
①	160.57㎡
②	161.82㎡
③	162.94㎡
④	162.24㎡
⑤	161.15㎡

別図 5　本件土地に係る評価通達24－4に定める「その地域」等（省略）

別紙 1　共同審査請求人（省略）

関係法令等の要旨

1　相続税法第22条《評価の原則》は、相続、遺贈又は贈与により取得した財産の価額
は、当該財産の取得の時における時価による旨規定している。

2　財産評価基本通達（昭和39年 4 月25日付直資56ほか国税庁長官通達。ただし、平成
29年 9 月20日付課評 2 - 46ほか国税庁長官通達による改正前のもの。以下「評価通
達」という。）14 - 2 《地区》は、路線価方式により評価する地域については、宅地
の利用状況がおおむね同一と認められる一定の地域ごとに、国税局長が地区（ビル街
地区、高度商業地区、繁華街地区、普通商業・併用住宅地区、普通住宅地区、中小工
場地区又は大工場地区）を定めるものとする旨定めている。

3　評価通達24 - 4 《広大地の評価》本文は、その地域における標準的な宅地の地積に
比して著しく地積が広大な宅地で都市計画法第 4 条《定義》第12項に規定する開発行
為（以下「開発行為」という。）を行うとした場合に公共公益的施設用地の負担が必
要と認められるもの（評価通達22 - 2 《大規模工場用地》に定める大規模工場用地
（以下「大規模工場用地」という。）に該当するもの及び中高層の集合住宅等の敷地用
地に適しているもの（その宅地について、経済的に最も合理的であると認められる開
発行為が中高層の集合住宅等を建築することを目的とするものであると認められるも
のをいう。）を除く。以下「広大地」という。）の価額は、原則として、その広大地が
路線価地域に所在する場合には、その広大地の面する路線の路線価に、評価通達15
《奥行価格補正》から同通達20 - 5 《容積率の異なる 2 以上の地域にわたる宅地の評
価》までの定めに代わるものとして次の算式により求めた広大地補正率を乗じて計算
した価額にその広大地の地積を乗じて計算した金額によって評価する旨定めている。
（算式）　広大地補正率＝0.6 - 0.05×（広大地の地積／1,000㎡）

4　評価通達24 - 4 は、その注 1 において、評価通達24 - 4 本文に定める「公共公益的
施設用地」とは、都市計画法第 4 条第14項に規定する道路、公園等の公共施設の用に
供される土地及び都市計画法施行令第27条に掲げる教育施設、医療施設等の公益的施
設の用に供される土地（その他これらに準ずる施設で、開発行為の許可を受けるため
に必要とされる施設の用に供される土地を含む。）をいうものとする旨定めている。

5　都市計画法第４条第12項は、「開発行為」とは、主として建築物の建築又は特定工作物の建設の用に供する目的で行う土地の区画形質の変更をいう旨規定している。

6　都市計画法第29条《開発行為の許可》第１項は、同法第４条第12項に規定する開発行為をしようとする者は、あらかじめ、都道府県知事、指定都市等の長の許可（以下「開発許可」という。）を受けなければならない旨、並びに同法第29条第１項第１号及び都市計画法施行令第19条《許可を要しない開発行為の規模》第１項の規定により、市街化区域において行う開発行為で、その規模が1,000㎡未満であるものについてはこの限りではない旨規定している。

7　建築基準法（平成29年法律第26号による改正前のもの。以下同じ。）第43条《敷地等と道路との関係》第１項は、建築物の敷地は、道路（自動車のみの交通の用に供する道路を除く。）に２m以上接しなければならない旨規定している（以下、この規定を「接道義務」という。）。

8　建築基準法第52条《容積率》第２項は、同条第１項に規定するもののほか、前面道路の幅員が12m未満である建築物の容積率は、当該前面道路の幅員のメートルの数値に、同条第２項各号に規定する数値を乗じたもの（以下、各号の規定する数値を乗じて得た容積率を「基準容積率」という。）以下でなければならない旨規定し、同項第２号はその数値について、第一種住居地域内の建築物は10分の４とする旨規定している。

大蔵財務協会は、財務・税務行政の改良、発達およびこれらに関する知識の啓蒙普及を目的とする公益法人として、昭和十一年に発足しました。爾来、ひろく読者の皆様からのご支持をいただいて、出版事業の充実に努めてきたところであります。

今日、国の財政や税務行政は、私たちの日々のくらしと密接に関連しており、そのため多種多様な施策の情報をできる限り速く、広く、正確にかつ分かり易く国民の皆様にお伝えすることの必要性、重要性はますます大きくなっております。

このような状況のもとで、当協会は現在、「税のしるべ」（週刊）、「国税速報」（週刊）の定期刊行物をはじめ、各種書籍の刊行を通じて、財政や税務行政についての情報の伝達と知識の普及につとめております。また、日本の将来を担う児童・生徒を対象とした租税教育活動にも、力を注いでいるところであります。

今後とも、国民・納税者の方々のニーズを的確に把握し、より質の高い情報を提供するとともに、各種の活動を通じてその使命を果たしてまいりたいと考えておりますので、ご叱正・ご指導を賜りますよう、宜しくお願い申し上げます。

一般財団法人　大蔵財務協会
理事長　木　村　幸　俊

裁決事例集　（第124集）

令和4年5月19日　初版印刷
令和4年5月30日　初版発行

不　許
複　製

（一財）大蔵財務協会　理事長
発行者　木　村　幸　俊

発行所　一般財団法人　大　蔵　財　務　協　会

〔郵便番号　130-8585〕
東京都墨田区東駒形1丁目14番1号
（販　売　部）TEL 03（3829）4141・FAX 03（3829）4001
（出版編集部）TEL 03（3829）4142・FAX 03（3829）4005
URL　http://www.zaikyo.or.jp

本書は、国税不服審判所ホームページ掲載の『裁決事例集No.124』より転載・編集したものです。

落丁・乱丁は、お取替えいたします。　　　　　　　印刷　㈱恵友社
ISBN978-4-7547-3029-1